Neue Seebäderbrücke
Jachthafen
Radar-Turm u. SMD
Alte Liebe
Leuchtturmweg
Am Alten Hafen
Am Seedeich
Alter Hafen
Woltmannkaje
Hafenkaje
Tonnenhof
Neue Reihe
Klappbrücke
Fährstr.
Zollkaje
Deichstraße
Ritzebütteler Schleusenpriel
Kapitän-Alexander-Str.
Nordsee-Kai
Alter Fischereihafen
Meinken-Kai
Fischhallen V u. VI
Niedersächsisches
Hafenamt
Neufelder Straße
Bahnhofstr.
Bahnhof

CUXHAVEN – Hafen am Meer

Karl B. Kühne

Cuxhaven

Hafen am Meer

Verlag Egon Heinemann GmbH

Herausgegeben von der Stadtsparkasse Cuxhaven
Herstellung: offset-color-reproduktionen gmbh egon heinemann · Norderstedt
 · ISBN 3 87321 975 1

Zum Geleit

Die Geschichte der Stadt Cuxhaven und ihres Raumes transparent zu machen, ist eine anspruchsvolle Aufgabe. Cuxhaven selbst ist relativ jung, legt man das Datum der Verleihung städtischer Rechte im Jahre 1907 zugrunde.

Sehr viel älter ist die Geschichte des hamburgischen Amtes Ritzebüttel und seiner benachbarten Gemeinden, die heute der gemeinsame Name Cuxhaven vereint. Desto mehr scheint es geboten, geschichtlich Begründetes und in jüngeren Daten Festgehaltenes in eine Gesamtschau zu fassen, die das Bild des Wachsens und Werdens Cuxhavens nachvollzieht.

So ist das vorliegende Werk Teil eines umfassend angelegten Versuches, der Bevölkerung unserer Stadt, aber auch ihren vielen Freunden von Nah und Fern, einen Einblick in die vielschichtigen Zusammenhänge, Geschehnisse und Umstände zu ermöglichen, die für das Entstehen und das Sein der Stadt maßgeblich waren. Soziale, wirtschaftliche und kulturelle Aspekte werden dazu ebenso herangezogen, wie die Schilderung des täglichen Lebens, das in einem derartigen Überblick ebenfalls seine Bedeutung gewinnt.

Im Hinblick auf die Entstehungsgeschichte des Vorhabens, darf ich an dieser Stelle eine Anregung von Herrn Stadtarchivar Hermann Borrmann würdigen, das in Bild- und Textsammlungen umfassende und sorgfältig aufbereitete Material des städtischen Archives, angereichert und ergänzt durch die Bestände des im Staatsarchiv Hamburg aufbewahrten Ritzebütteler Amtsarchivs, in Form einer mehrbändigen, reich ausgestatteten Buchausgabe zu veröffentlichen.

Ebenso dankbar bin ich Herrn Karl B. Kühne, der sich als Autor mit ganzem Herzen und Wissen einer schwierigen Arbeit widmete, die den Anfang der genannten Reihe bildet.

Der Stadtsparkasse, als der Stadt verbundenem Unternehmen, gebührt das Verdienst, finanziell den Weg dieses und der noch folgenden Werke geebnet zu haben. Auseinandersetzung und Verständnis für das historische und das gegenwärtige Cuxhaven zu ermöglichen und zu fördern, ist das Ziel dieser Buchreihe. Ein Anfang ist gemacht. Ich wünsche der ersten Auflage die Beachtung, die der großen Mühe ihrer Erarbeitung entspricht.

Dr. Hans-Heinrich Eilers
– Oberstadtdirektor –

DAS 150JÄHRIGE BESTEHEN DER STADTSPARKASSE CUXHAVEN

1831 – 1981 ist willkommener Anlaß, eine umfassende Bilddokumentation über unsere Stadt herauszugeben.

Diese Chronik, die in dem vorliegenden Band in Bild und Schrift über unseren Hafen berichtet, soll mit dazu beitragen, die Geschichte Cuxhavens lebendig zu erhalten.

Die Sparkasse hat in den vergangenen 150 Jahren durch ihr Wirken als Geldinstitut einen maßgeblichen Anteil an der Entwicklung der gesamten Wirtschaft dieser Stadt geleistet. Diese enge Verbundenheit zwischen den Bürgern und der Wirtschaft unserer Stadt mit ihrer Sparkasse zeigt sich auch als Spiegelbild der vergangenen, gegenwärtigen und zukünftigen Entwicklung des heimischen und damit ortsverbundenen Kreditinstitutes.

Dem Autor, sowie allen an der Zusammenstellung dieses Buches Beteiligten, gilt unser Dank. Ein herzliches Dankeschön gebührt an dieser Stelle auch ganz besonders unseren Kunden für das Vertrauen und ihre Treue zu ihrer Sparkasse.

Möge diese Dokumentation viele aufmerksame Betrachter in Nah und Fern finden und allen den besonderen Reiz unserer schönen Stadt unvergessen lassen.

DER VORSTAND
der
Stadtsparkasse Cuxhaven

Korthals Dreyer

Vorwort

Der Kooghafen/Cuxhaven an der Mündung des Ritzebütteler Schleusenprieles kann heute auf eine über 400 jährige Geschichte zurückblicken. Ritzebüttel selbst ist mit Sicherheit noch 150 Jahre älter. Es existierte in seinen Anfängen bereits zur Zeit des Baues der Schloßanlagen um 1342.

Der Flecken wuchs in seiner Bedeutung mit dem Übergang der Besitzverhältnisse über Schloß und Umland vom (Raub-)Rittergeschlecht der Lappes auf die Freie und Hansestadt Hamburg in den Jahren 1393/94. Von diesem Zeitpunkt an ist auch die allmähliche Entstehung des Ortes und die später folgende Entwicklung des Hafens – ab 1600 – anhand des im Staatsarchiv Hamburg vorhandenen Archivmaterials zu verfolgen.

Die anfängliche Absicht, eine umfassende Geschichte von Stadt und Hafen zu bringen, mußte wegen des Umfanges einer solchen Arbeit vorerst zurückgestellt werden. – Daraus resultierte der Entschluß, mit dem überwiegend im Stadtarchiv Cuxhaven vorhandenen Bildmaterial eine Kurzgeschichte in Bildern vorzuziehen und mit dem Hafenteil als erstem Band zu beginnen. Das Ergebnis ist die vorliegende Arbeit. Es wurde darauf verzichtet, die aus den Archivunterlagen weitgehend erforschte Hafenentwicklung mit allen technischen Einzelheiten schon einzubeziehen, da sie in dieser Ausführlichkeit sicherlich nur einen kleinen Leserkreis interessieren wird. Dafür wurde versucht, möglichst alle vorhandenen Bilddokumente zu bringen; teilweise in der Gegenüberstellung von Vergangenheit und Gegenwart, und die Geschichte in Kurzform mit einzublenden.

Für die Hilfe bei der Zusammenstellung des Bildmaterials gebührt Dank vor allem dem Leiter des Stadtarchivs Cuxhaven, Herrn Hermann Borrmann mit allen Mitarbeitern und dem Niedersächsischen Hafenamt Cuxhaven. Vom Staatsarchiv Hamburg half Herr Wagner bei der Beschaffung des älteren Bildmaterials und Frau Barabas bei der Auswertung der Cuxhaven-Ritzebüttel betreffenden Archivbestände.

Der vorliegende Bildband soll allen Bürgern und Freunden Cuxhavens den Teil der Stadt näherbringen, der in der Vergangenheit mit seinen Anlagen und Gewerbebetrieben über lange Zeit ihr wichtigstes Wirtschaftsgebiet war. Heute bedarf der Hafen ganz besonderer Aktivitäten, um sich auch in Zukunft im Kreise der großen Nachbarn behaupten zu können.

Cuxhaven, im März 1981 K.B.K.

Kooghafen/Cuxhaven

Die Anfänge des Hafens am „Ritzebütteler Schleusenpriel" reichen zurück bis zur Mitte des 16. Jahrhunderts. Der Elbstrom begann in dieser Zeit seine Richtung nach Süden zu verändern und allmählich die dem Ritzebütteler Priel vorgelagerten Sandbänke hinwegzuräumen.

Bis dahin erreichten die Hamburger ihre Exklave an der Elbmündung zu Wasser über den Hafen von Altenbruch. Der Auslöser der hamburgischen Hafenaktivitäten in Cuxhaven war der Beschluß der Bürgerschaft vom Jahre 1618, hier einen Schutzhafen für die Winterzeit einzurichten. So wurde bei der Eindeichung des „Neuen Feldes" durch den Hamburger Senator und späteren Amtmann zu Ritzebüttel, Hans von Schafshausen, ein kleiner Nothafen eingerichtet, der auch gleichzeitig die hamburgischen Lotsenfahrzeuge aufnehmen konnte.

Dem ersten Hafenbau folgte ein über hundertjähriger Kampf gegen die Gewalten von Strom und See. In diesem Zeitraum ging das neu eingedeichte Land fast vollständig wieder verloren. Der kleine Hafen mußte ständig weiter nach Süden verlegt werden, bis er sich schließlich am Anfang des 18. Jahrhunderts fast 1200 Meter südlich der ersten Anlage befand.

Die Hansestadt Hamburg hat in dieser Zeit neben den ständigen Hand- und Spanndiensten der Ritzebütteler Einwohner viel Geld investiert, um das Neue Feld und den Hafen zu halten. Doch erst ab ungefähr 1720 kam mit dem Einsatz erfahrener Fachleute System in das Ganze. Der 1733 in die Dienste der Stadt getretene kaiserliche Artilleriehauptmann Spanninger und der wasserbauerfahrene Baumeister K.F. Schnell, erwarben sich hier um die Landsicherung große Verdienste. Mit der von ihnen vorgeschlagenen Schwerpunktbefestigung im Bereich der Großen Bake und der Kugelbake gelang es endlich, den ständigen Uferabbruch etwa auf der heutigen Linie zum Stillstand zu bringen.

In den folgenden 150 Jahren konnte man darangehen, den gesicherten Hafen in bescheidenem Umfang auszubauen. Seine Aufgaben beschränkten sich weiterhin auf die unmittelbare Versorgung des Amtes, die Aufnahme der Lotsenfahrzeuge und die Verwendung als Schutzhafen für die Schiffahrt gegen Sturm und Eis. Die Bemühungen waren darauf ausgerichtet, den Hafen nach Größe und Wassertiefe so auszubauen, daß alle schutzsuchenden Schiffe untergebracht werden konnten.

1785 erfolgte die erste Erweiterung. Östlich des Bollwerks der Alten Liebe rammte man in Stromrichtung ein Schutzhöft, hinter dem an Pfahlgruppen die größeren Schiffe festgemacht werden konnten. Außerhalb der Winterzeit wurde dieser Hafenteil als Quarantänehafen genutzt.

Als Schutzhafen erlangte Cuxhaven zur Zeit der hölzernen Schiffe eine ganz erhebliche Bedeutung. So weist beispielsweise ein erhalten gebliebener Belegungsplan des Hafens vom 25. Januar 1845 insgesamt 213 Schiffe aus. Allerdings 40-Meter-Schiffe bis hin zu Fischkuttergrößen. Aber immerhin für Versorgung und Reparaturen eine bedeutsame Einnahmequelle für Handel und Gewerbe.

Ab Mitte des 19. Jahrhunderts ergab sich immer deutlicher die Notwendigkeit, den Hafen zu erweitern. Es mußte nun entschieden werden, ob weiterhin lediglich ein vergrößerter Schutzhafen, oder ein kompletter Mehrzweckhafen geplant werden müßte.

Zahlreiche in- und ausländische Experten machten Vorschläge. Sie reichten vom erweiterten Tidehafen, bis hin zum großen Dockhafen mit zwei Kammerschleusen. Zur Durchführung kam jedoch nichts. Hamburg zeigte verständlicherweise keine große Begeisterung, sich selbst mit einem großen Hafen an der Elbmündung Konkurrenz zu machen. Die beschlossene Beschränkung auf den Erhaltungsbau wurde mit Geldmangel begründet. Die Erkenntnis einer möglichen und nützlichen Arbeitsteilung zwischen den beiden Häfen setzte sich erst sehr viel später durch.

Euphorische Stimmung verbreitete sich in Cuxhaven, als 1872 die „Harburg-Stade-Cuxhavener Eisenbahn- und Hafenbaugesellschaft" gegründet wurde und diese kundtat, neben dem Bau der Eisenbahnlinie auch einen großzügigen Ausbau des Hafens vornehmen zu wollen. Leider ging dem Unternehmen das Geld aus. Vom Bau des Hafens blieb nach den abgebrochenen Ausschachtungsarbeiten westlich des Alten Hafens das sogenannte „Hafenloch" übrig. Die Eisenbahnverbindung konnte von einer anderen Firmengruppe fertiggestellt und 1881 in Betrieb genommen werden.

Im letzten Jahrzehnt des 19. Jahrhunderts begann das Interesse Hamburgs für einen Ausbau des Hafens in Cuxhaven zu wachsen. Für die neuen Transatlantik-Schnelldampfer der Hamburg-Amerika-Linie hatte die Elbe noch nicht die erforderliche Wassertiefe, um diese Schiffe jederzeit bis nach Hamburg laufen zu lassen. Es mußten in Cuxhaven entsprechende Anlagen geschaffen werden, um sie hier abzufertigen.

Senat und Bürgerschaft bewilligten 1890 7,7 Millionen Mark für den Bau des „Neuen Hafens" in Cuxhaven und die Einrichtung eines kleinen Fischereihafens.

Die Bauarbeiten leitete Wasserbau-Inspektor Hugo Lentz. Der Bau des wichtigsten Teiles des Neuen Hafens, der beiden „Hafenköpfe" der Einfahrt, erfolgte wegen der großen Gründungstiefen von 12 Metern unter MTNW (Mittel-Tide-Niedrigwasser) erstmalig im Wasserbau im Senkkastenverfahren. 1893 waren die Hafenköpfe fertig und 1896 konnte der gesamte Hafen in Betrieb genommen werden.

Der kleine Fischereihafen war schon 1892 fertiggestellt. Der weitere Ausbau für den Fischdampferverkehr ab 1908 leitete die Entwicklung Cuxhavens zum größten deutschen Fischereihafen ein.

Da die HAPAG ihren gesamten Schnelldampferbetrieb nach Cuxhaven legen und auch das Bordpersonal hier ansiedeln wollte, konnten die Bürger auf einen entsprechenden wirtschaftlichen Aufschwung und Hamburg auf eine hinreichende Amortisation seiner Investitionen hoffen. Die berechtigten Erwartungen erfüllten sich leider nicht. Die Entwicklung im Passagierdampferbau zu immer größeren Schiffen verlief in einem derartigen Tempo, daß die neuen Hafenanlagen sich schon bald als zu klein erwiesen und die HAPAG anfing, ihre größere Schnelldampferklasse auf der Reede abzufertigen.

1909 mußte deshalb der westliche Hafenkopf durch hölzerne Anbauten von 120 auf 180 Meter verlängert werden.

1912 entschloß sich Hamburg zum Bau eines 400 Meter langen »Landungshöftes« und einer Vergrößerung des Neuen Hafens. Um die Pieranlage auf die verlangte Länge zu bringen, wurden die beiden Hafenköpfe durch eine Holzbrücke verbunden und damit die alte Hafeneinfahrt geschlossen. Östlich der Anlage baute man nun die neue Einfahrt für den vergrößerten Hafen.

Um vor dem Landungshöft auch eine größere Wassertiefe zu bekommen, verbreiterte man das Ganze um 14,5 Meter, davon 8 Meter weiter in den Strom hinein. Der Neue Hafen erfuhr eine ganz erhebliche Erweiterung, nämlich von 9 auf 42 Hektar. Über die Funktion als Not- und Eishafen hinaus, war jedoch auch jetzt noch keine weitergehende Verwendung vorgesehen.

Für den ständig angewachsenen Seebäderverkehr konnte 1904 zwischen Altem Hafen und Fischereihafeneinfahrt eine weitere Landeanlage in Betrieb genommen werden, die 1980 abgebrochene Seebäderbrücke. Nach dem ersten Weltkrieg ausgebaut und verbessert, sind hier fast 40 Jahre die Schiffe im Hamburg-Helgoland-Verkehr abgefertigt worden.

Zwischen den Kriegen befaßte man sich, bis auf den Neubau der Alten Liebe im Jahre 1933, mit dem Ausbau des Fischereihafens und seiner Verlängerung nach Süden, die 1920 in Angriff genommen wurde. Dieser Hafenerweiterung mußte auch die malerische Häuserreihe der »Ostseite« weichen.

Die Zeit der zwanziger- und dreißiger Jahre brachte Cuxhaven eine Dreiteilung der Hafenkompetenzen, und als Folge des Überganges der Zuständigkeit für die Wasserstraßen auf das Deutsche Reich, 1921 das Wasserstraßenamt Cuxhaven, das spätere Wasser- und Schiffahrtsamt.

Nach dem »Groß-Hamburg-Gesetz« vom 1. April 1937 übernahm Preußen das Amt Ritzebüttel im Tausch gegen Harburg. Vom Hafen verblieb der Amerikahafen und das Steubenhöft mit umliegenden Länderein weiterhin im Besitze Hamburgs.

Während der Anwesenheit der Marine in Cuxhaven wirkte schließlich als dritte Instanz im Hafen die Marine-Bau- und Hafenverwaltung für den sogenannten Minensucherhafen.

Der Ausbau des Fischereihafens konnte 1937 fortgesetzt werden mit der Errichtung der Kaimauern und dem Bau der Auktionshallen IX und X. Bei Ausbruch des 2. Weltkrieges war Halle IX fast fertiggestellt, der Hafen aber noch nicht ausgebaggert.

Die nach Kriegsende in den Hafen einziehenden britischen Besatzungsbehörden vereinigten für kurze Zeit die Hafenkompetenzen in einer Hand.

In der ersten Nachkriegszeit beschränkte sich die Bautätigkeit im Hafen auf die Instandsetzung der alten Kaianlagen und den notwendig gewordenen

Neubau des Steubenhöftes, das in der noch heute bestehenden Form 1954 in Betrieb genommen werden konnte.

Im Zuge des Neuwerk-Vertrages (30.09.1962) zwischen Hamburg und Niedersachsen, beschaffte man für den Ausbau und die Erweiterung des Neuen Fischereihafens die erforderlichen Grundstücke. Die Fischerei forderte für ihre immer größer gewordenen Schiffe auch eine ständig ausreichende Wassertiefe im Hafen. So entschloß man sich, den Fischereihafen zum Schleusenhafen zu machen. Die Verbindung zum Amerikahafen wurde geschlossen und im Durchstich zum Alten Fischereihafen zwischen den Hallen II und IV eine Seeschleuse gebaut. Der beim Erdaushub für die Schleusenfundamente in großer Menge anfallende Kleiboden konnte sofort für die nach der 1962er Sturmflut notwendige Deichverstärkung verwendet werden. Die bei der Baggerung des Hafens anfallenden Erdmassen spülte man für die projektierte Anlage eines Fährhafens in der Grimmershörnbucht auf.

Die neue Schleuse war am 20. 7. 1965 betriebsfertig, die erste Ausbaustufe des Fährhafens 1969 beendet. Sie umfaßte eine RO-RO-Anlage für den Fährverkehr mit Südnorwegen und eine weitere für die Elbefähre Cuxhaven-Brunsbüttel.

Am 8. Juli 1972 erhielt die Seglervereinigung Cuxhaven im Fährhafen eine neue vorläufige Bleibe. Der alte Jachthafen hinter der Seebäderbrücke, fast vier Jahrzehnte Domizil der Cuxhavener Jachtflotte, mußte wegen Baufälligkeit und der daher notwendigen Sperrung der Brücke, im Frühjahr 1971 aufgegeben werden. Die Elbe-Fähre setzte in der Verbindung nach Brunsbüttel zwei neue Schwerlastfähren, »Niedersachsen« und »Schleswig-Holstein« ein und fuhr damit ab 1. Mai 1969. Der in Cuxhaven beheimate Neubau »Vikingfjord« konnte am 11. August 1969 die Fährverbindung nach Stavanger eröffnen. Die Norwegen-Linie erwies sich als nicht rentabel. Fracht- und Passagieraufkommen reichten nicht aus, um über das gesamte Jahr ein Schiff in Fahrt zu halten, so mußte der Dienst Ende Juni 1970 wieder aufgegeben werden.

Seit 1968 hat bereits Fred Olsen mit der Bergen-Linie in den Sommermonaten den Fährdienst nach Norwegen durchgeführt; vom Steubenhöft aus und zeitweise auch von Hamburg.

1972 kehrte die Reederei nach Cuxhaven zurück und fährt seitdem in der Saison mit ihren Schiffen »Venus« und »Jupiter« auf der Route Cuxhaven-Bergen. Die zweite Ausbaustufe des Fährhafens war 1978 beendet mit der Fertigstellung einer neuen Seebäderbrücke mit Ro-Ro-Anlage und dem dahinterliegenden Jachthafen. Zum Abschluß des gesamten Bauprojektes fehlt noch ein Betriebsgebäude und zusätzliche Aufstellflächen.

Das übrige Hafenbauprogramm schließt vorläufig ab mit der Zusammenlegung der Einfahrten zum Alten Hafen und Alten Fischereihafen, sowie dem Neubau der Alten Liebe als Aussichtsplattform.

Über 400 Jahre Hafengeschichte zeigen, welche Anstrengungen es gekostet hat, diesen Platz allein gegen die Gewalten der Natur zu verteidigen; wie schwierig es aber außerdem ist, den „Hafen am Tor zur Welt" gegenüber der Wirtschaftskraft der großen Nachbarn weiter zu entwickeln.

(zu Umschlag-Rückseite)

Die Rossbake, oder Große Bake, wie sie später genannt wurde, existierte in anderer Form schon 1470. Neben dem Turm auf Neuwerk war sie das wichtigste Seezeichen in dieser Zeit und bezeichnete einen Cuxhaven vorgelagerten Sand, das »Rosshack«, oder kurz das »Ross«. Diese Bezeichnung hat Cuxhaven in der Helgoländer Sprache den Namen Ters= t'Ros eingetragen.
Die später im Alte-Liebe-Bereich errichtete Bake, ist an so exponierter Stelle häufig zerstört und an sichererer Stelle wieder aufgebaut worden. In der gezeichneten Gestalt (nach Schuback, Strandrecht II) ist sie 1743 errichtet worden, diesmal nach Abbruch des alten Seezeichens.
Der Zwang, zur Sicherung der Schiffahrt die Bake zu erhalten, bewirkte im 18. Jahrhundert ernergische Maßnahmen, um den Landabbruch bei der Alten Liebe zu stoppen. In einer Sturmnacht im November 1801 stürzte die Große Bake abermals ein und wurde nun nicht wieder aufgebaut. An etwa der gleichen Stelle errichtete man 1805 den noch heute erhaltenen Leuchtturm.

Johann Theodor Schafshausen, Senator, Amtmann und Ratsherr, führte 1618 die Eindeichung des »Neuen Feldes« durch. 916 Morgen Neuland wurden gewonnen und der Kooghafen (Cuxhaven) verbessert. Die dankbaren Eigentümer des neuen Landes stifteten Schafshausen einen Silberbecher mit folgender Inschrift:

In 3 Monaten, Schafshausen setzest Du dem Neptun der Elbe die Grenze,
Umgibst das Ufer Ritzebüttels mit Deichen,
Befestigst die Wurt der Lappen und erneuerst den Kanal,
Damit der Platz den Schiffern sicherer sei.
Dies entreißt Du der See, vermehrst die Einkünfte des Schlosses,
Des Landmannes und für den Staat die Steuer.
Nimm diesen Pokal, den dankbar Dir die Genossen geweihet.

Das eingedeichte Neue Feld mit dem Hafen.

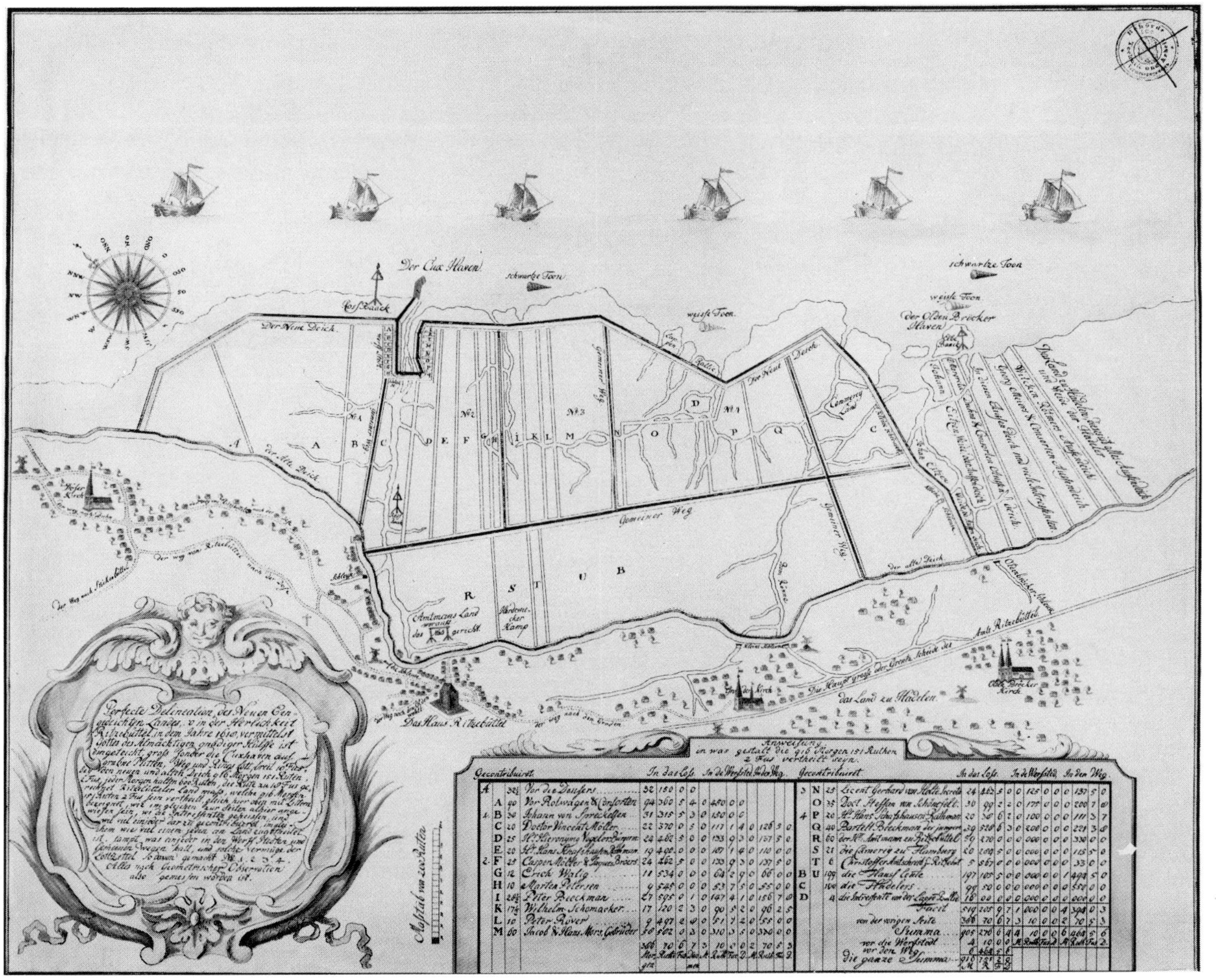

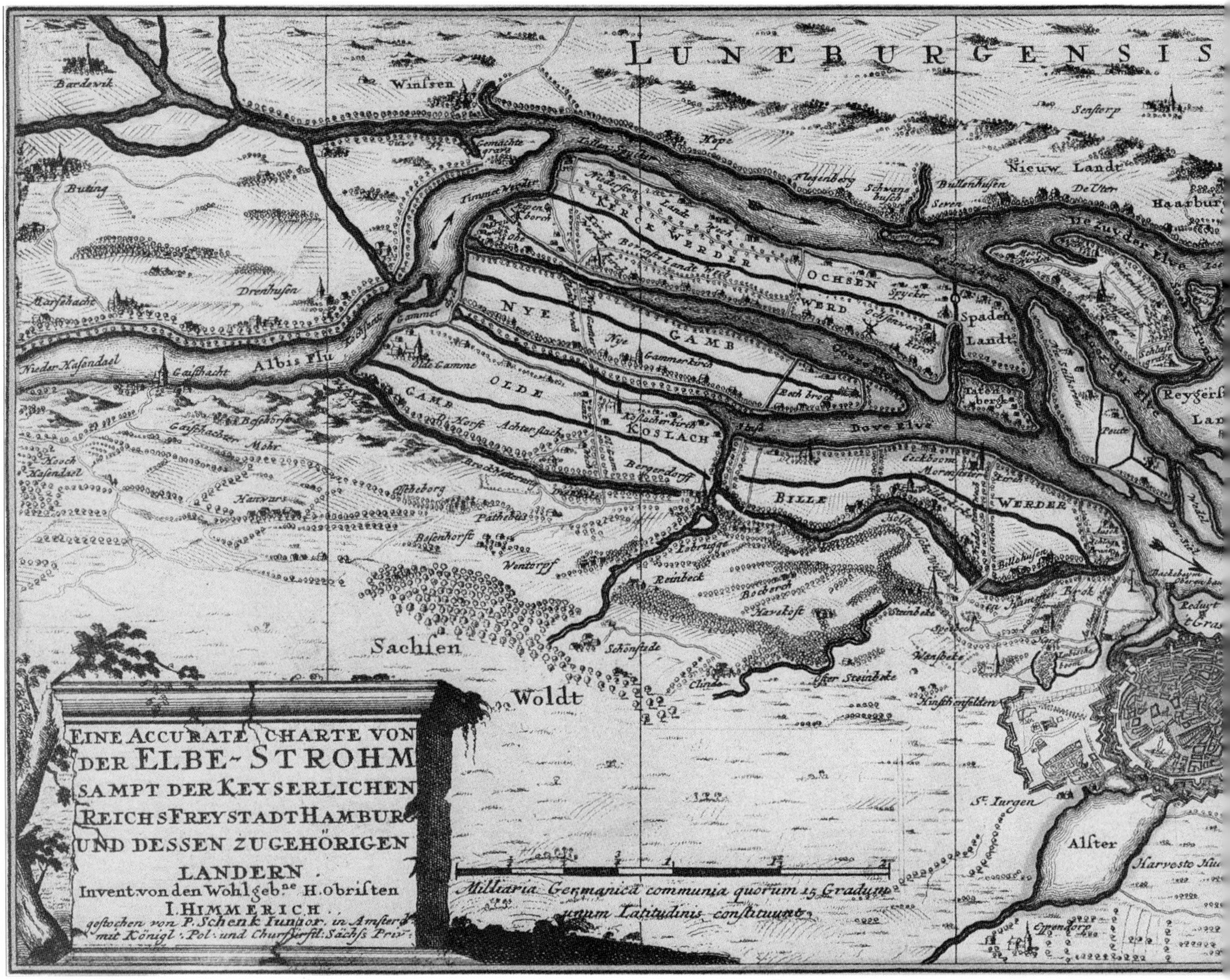

Die Elbkarte von Schenk / Himmerich, noch mehr eine Zeichnung der Elbe und Elbmündung um 1550.

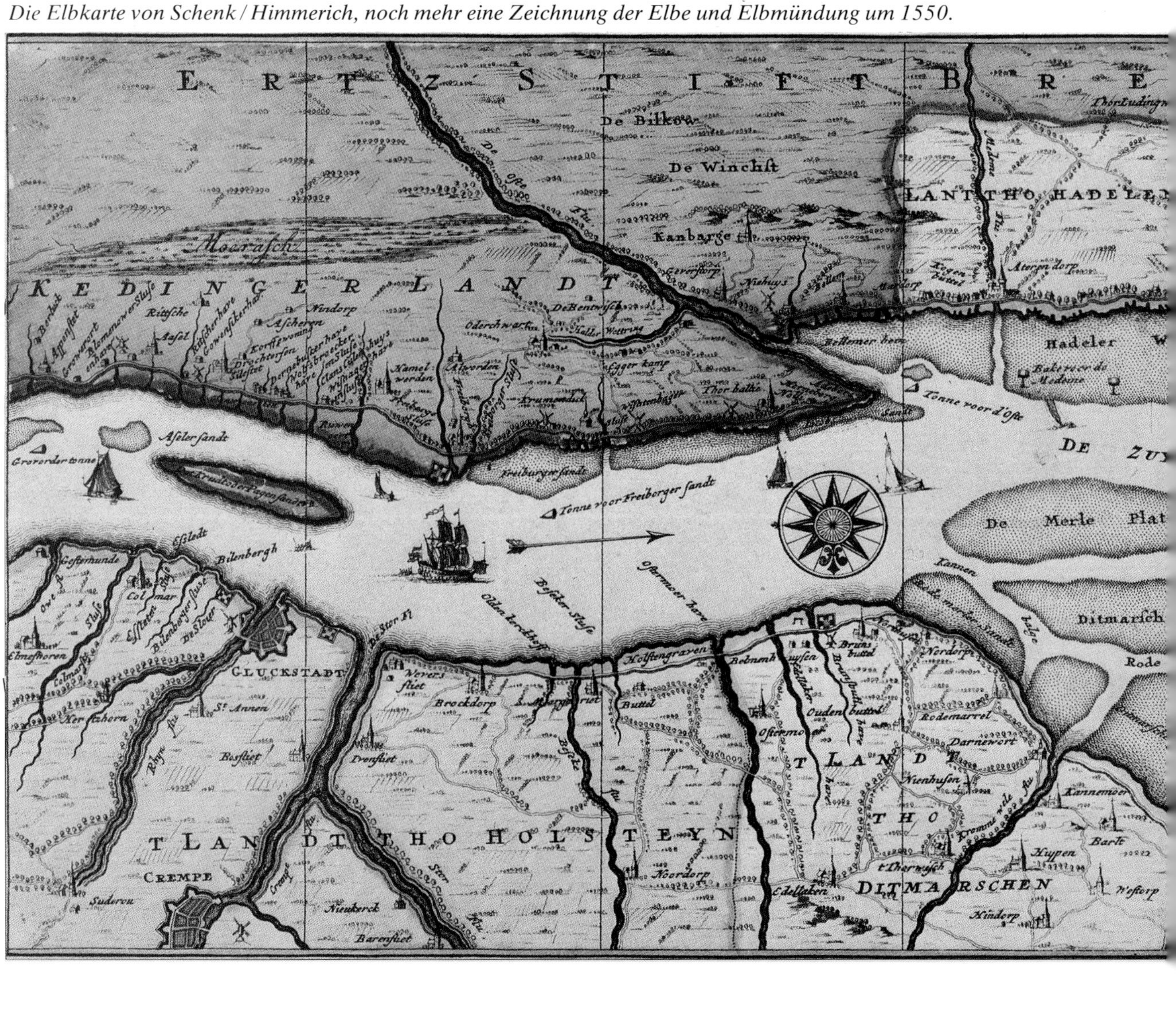

UCATUS PARS
EPISCOPATUS BREMENSIS
STADE
Olde Closter
Nie Closter
Moorborch
Boxtehude
Olde Landt
DAT OLDE
LANDT
olde Landt
Borstel
Slachboom
Olden Zerck
Stader toll
Lue Sandt
Stader Sande
Lue Tonne
Wedeler Sandt
Blanckeneser Sandt
Altena
Ottensen
Nutzeborch
Wedel
Winterhorst
Haseldorp
FORSTENDOM STORMARCK
Elens
Utersen

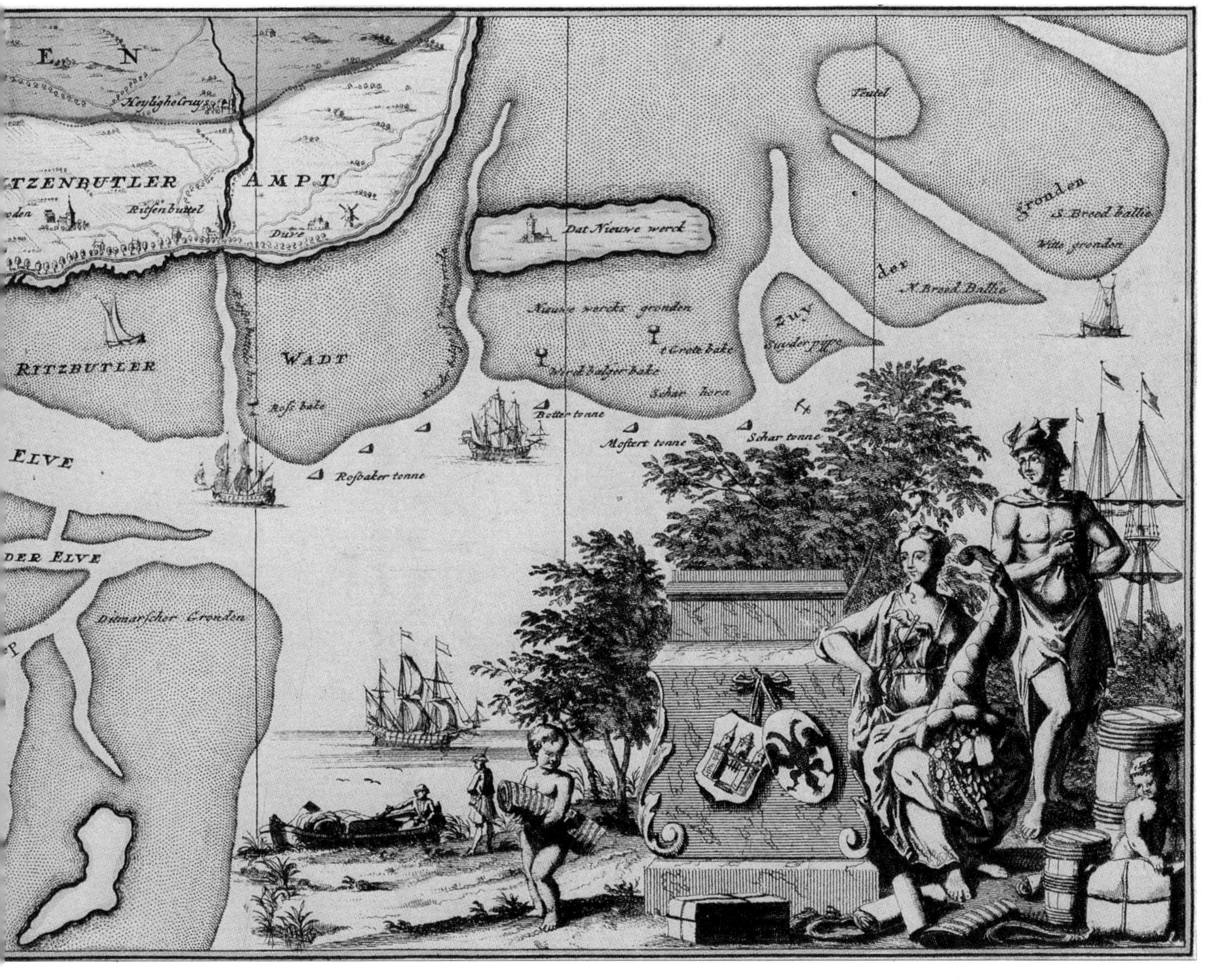

AMPT
Ritzenbuttel
Dat Nieuwe werck
WADT
RITZBUTLER
ELVE
DER ELVE
Nieuwe wercks gronden
t Grote bake
Bolter tonne
Mostert tonne
Schar tonne
Rosbaker tonne
N. Breed Ballie
Witte gronden

Die Karte von Zimmermann/Hasenbanck 1721 nach erster genauer Elbvermessung.

TYPUS
ORARUM MARITIMARUM
AB INSULA HELGELANDIA
SUPRA CATARRACTAM
LIENSEM USQUE
SITUS ITEM OSTIORUM ALBIS
PORTUBUS URBIBUS MUNIMENTIS
OMNIUM GENUINO TRACTU
HAMBURGENSIS USQUE
ANNO
MDCCXXI
SUPERIORUM
IUSSU
Christian Fritzsch Sculpsit Hamburgi
GLUCKSTADT
STADE
HAMBURG
Wilhelmsburg
Elmshorn
Quickborn
Blanckenese
Eppendorff
Ottmasen
Rudensee
Rucken
Borckheyde
Oster Moor
DUCATUS LUNEBURGENS

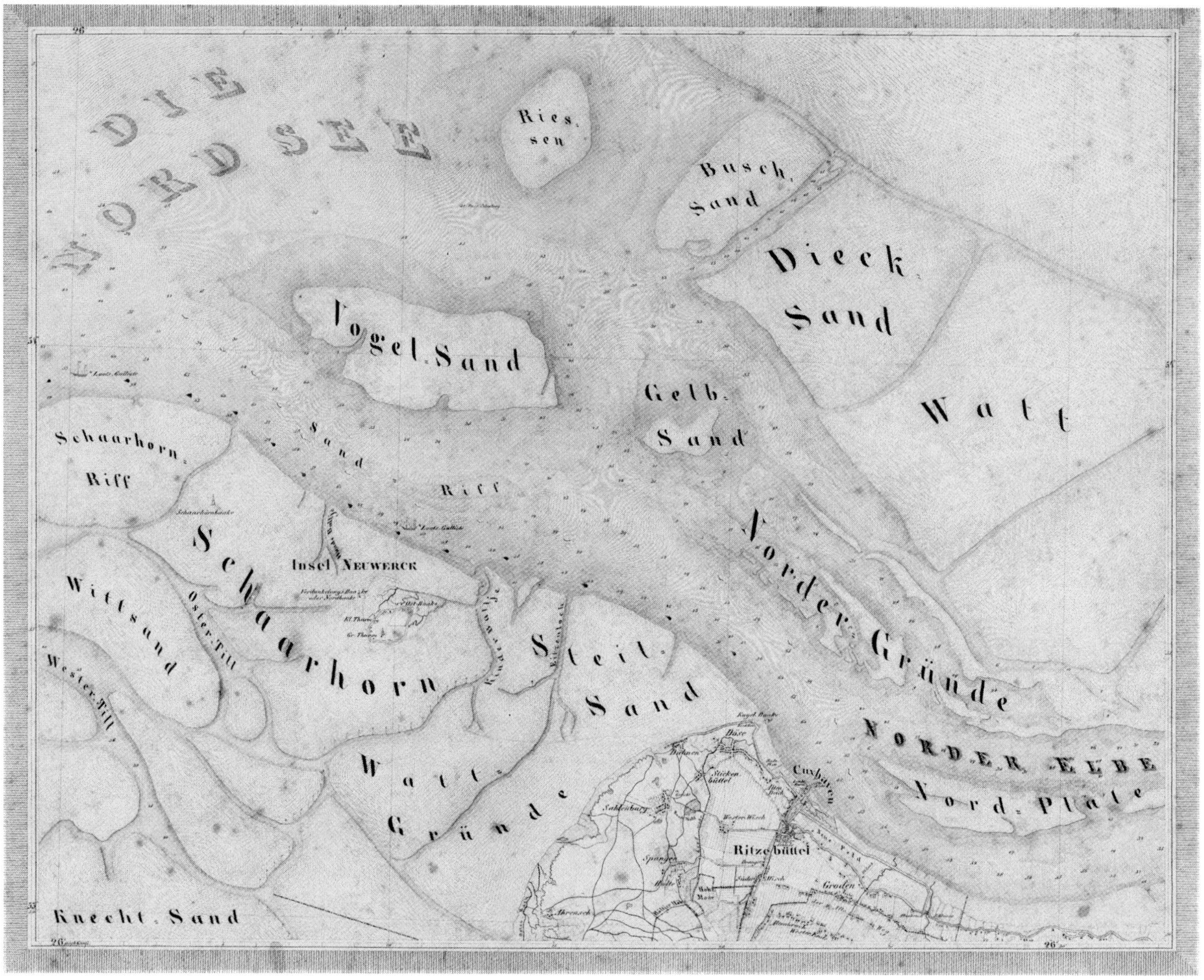

Die Karte von A. Papen stellt das Cuxhaven / Ritzebütteler Ufer um 1815 dar.

Die Zeichnung verdeutlicht die Landverluste am Ritzebütteler Ufer bis 1719.

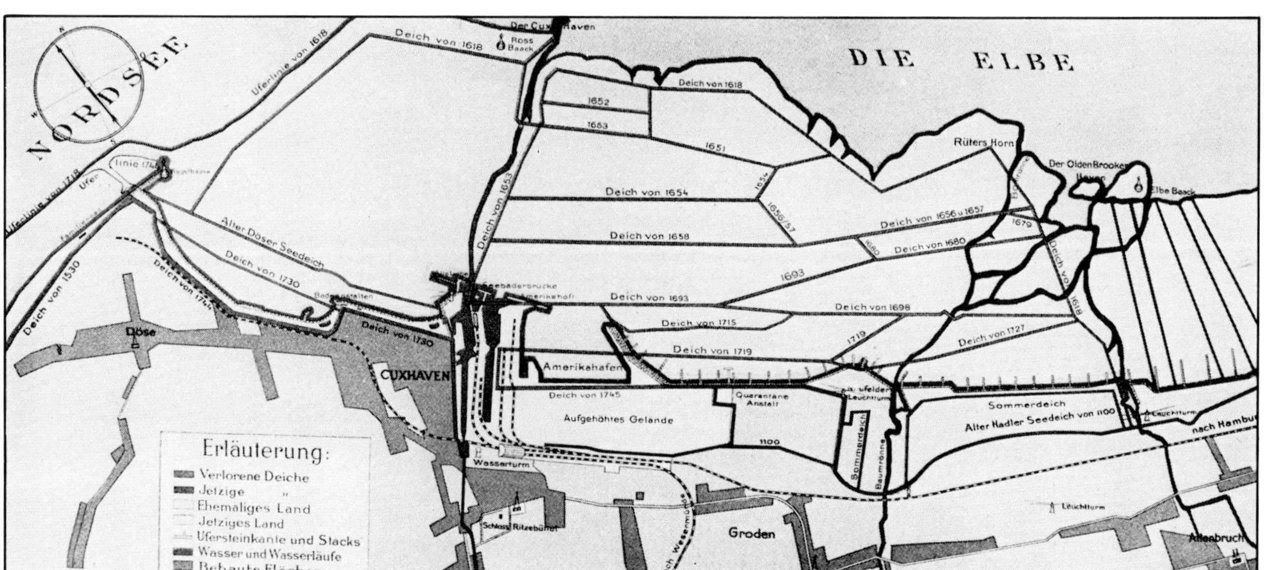

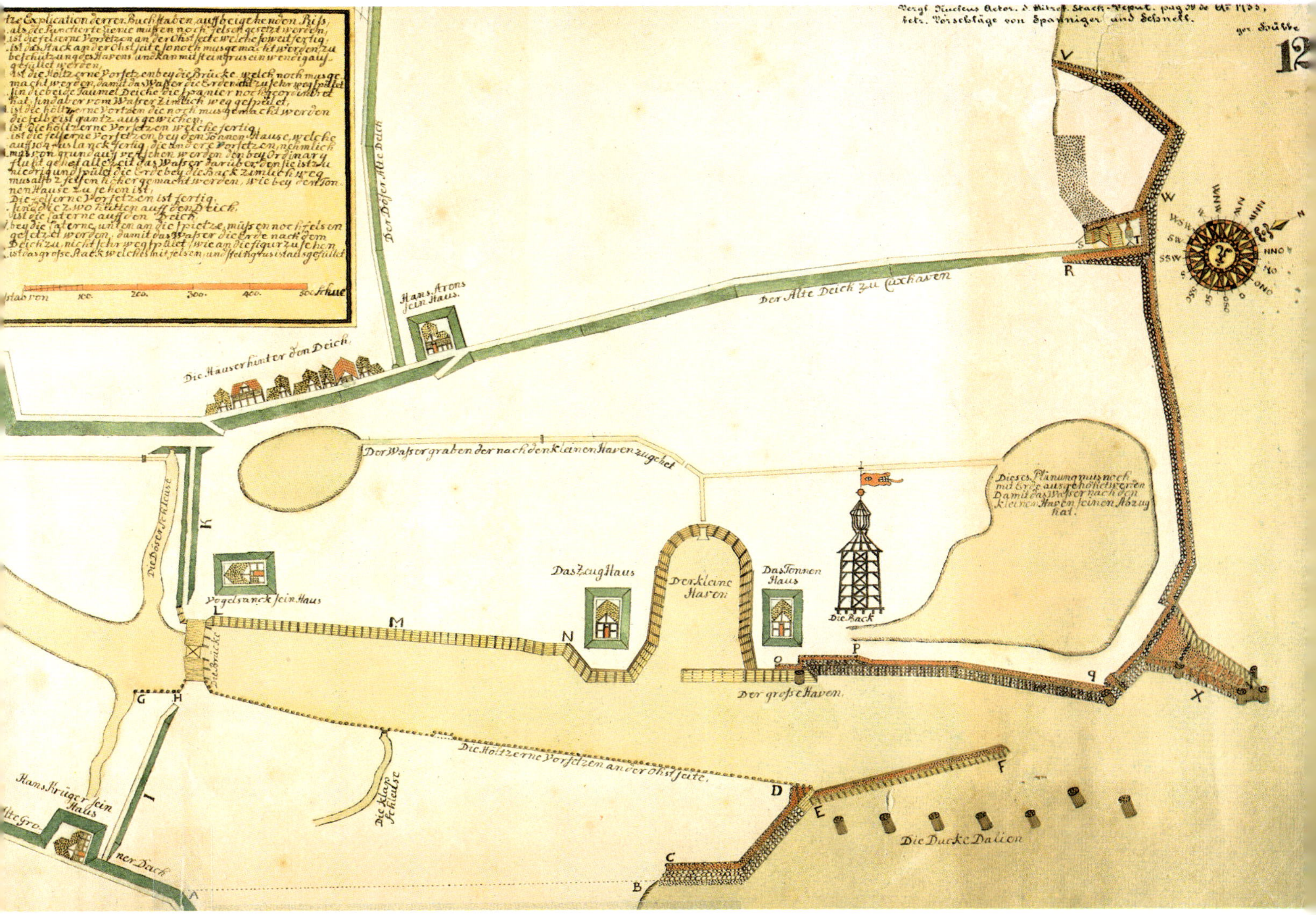

Die Handzeichnung von Major Spanninger und Baumeister Schnell bringt Vorschläge für den ersten dauerhaften Hafenausbau. Nach diesen Vorschlägen wurde nach 1733 auch gebaut.

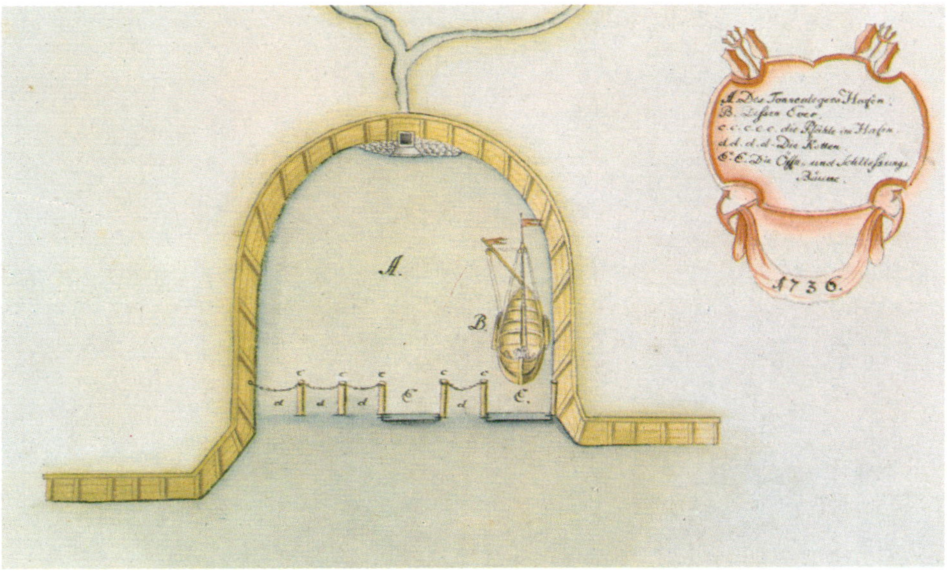

Eine Zeichnung vom kleinen Spezialhafen für die Tonnenleger- und Lotsenfahrzeuge.

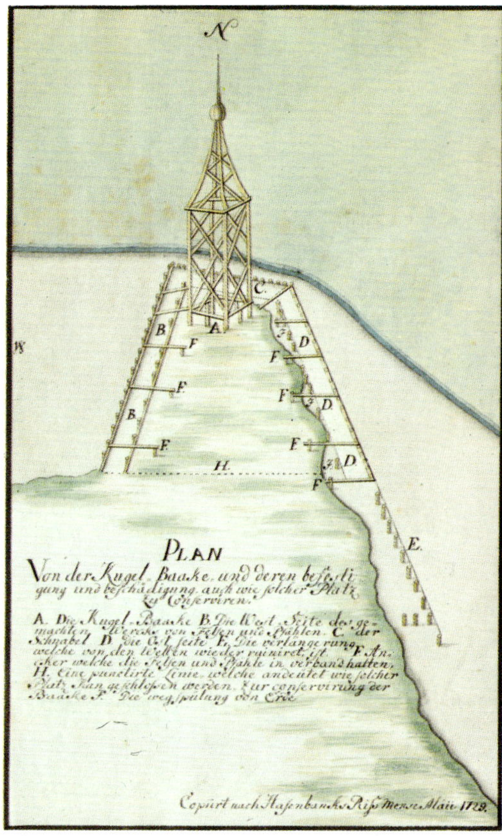
N
Plan
Von der Kugel-Baake und deren befestigung und beschädigung, auch wie solcher Platz zu Conserviren.
A. Die Kugel-Baake B. Die West Seite der gemachten Wercke von Felsen und Pfählen C. der Schnabel D. die Ost seite E. Die verlängerung welche von den Wellen wieder ruiniret ist F. Ancker welche die Felsen und Pfähle in verband hatten. H. Eine punctirte Linie welche andeutet wie solcher Platz kan geschlossen werden zur conservirung der Baake F. Die weg spülung von Erde
Copiirt nach Hasenbanks Riss Mense Maii 1729.

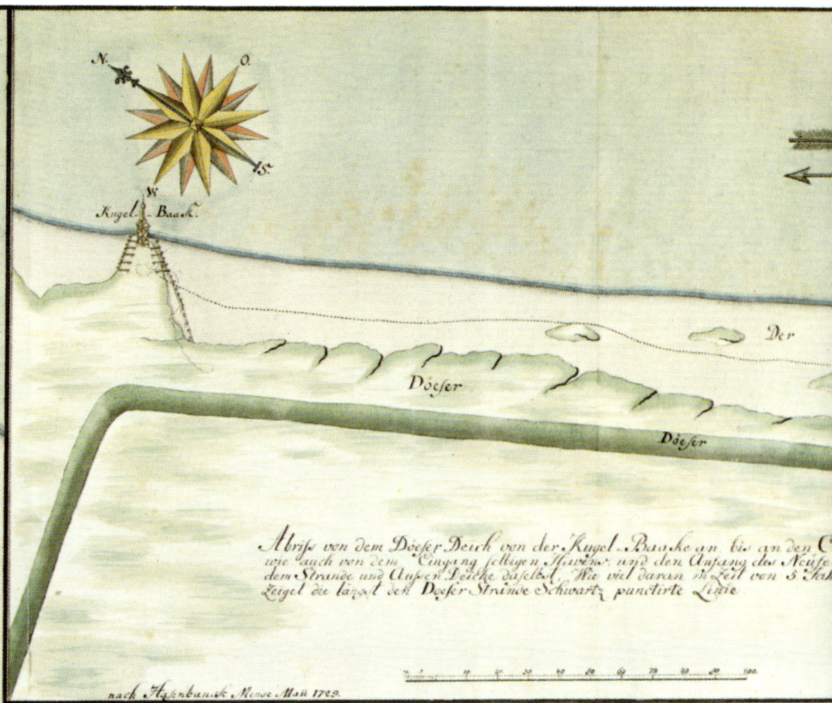
N.
O.
Kugel-Baak.
Döser
Döser
Der
Abriss von dem Döser Deich von der Kugel-Baake an bis an den C
wie auch von dem Eingang selbigen Havens und den Anfang des Neufe
dem Strande und Aussen Deiche daselbst, Wie viel daran in Zeit von 5 Jah
Zeiget die längst den Döser Strande Schwartz punctirte Linie
nach Hasenbank Mense Maii 1729.

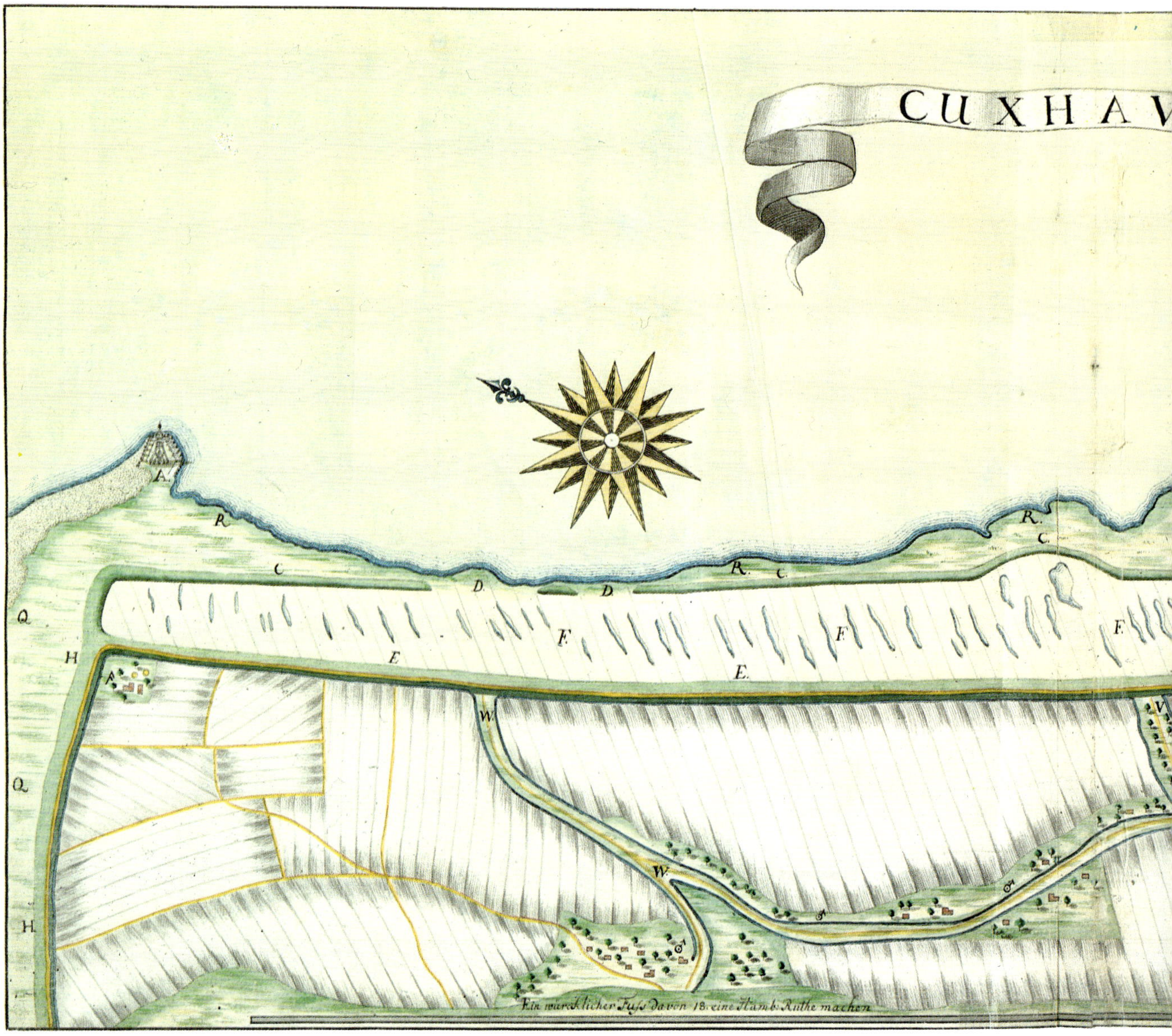
CUXHAV
Ein würcklicher Fuss davon 18 eine Hamb. Ruthe machen

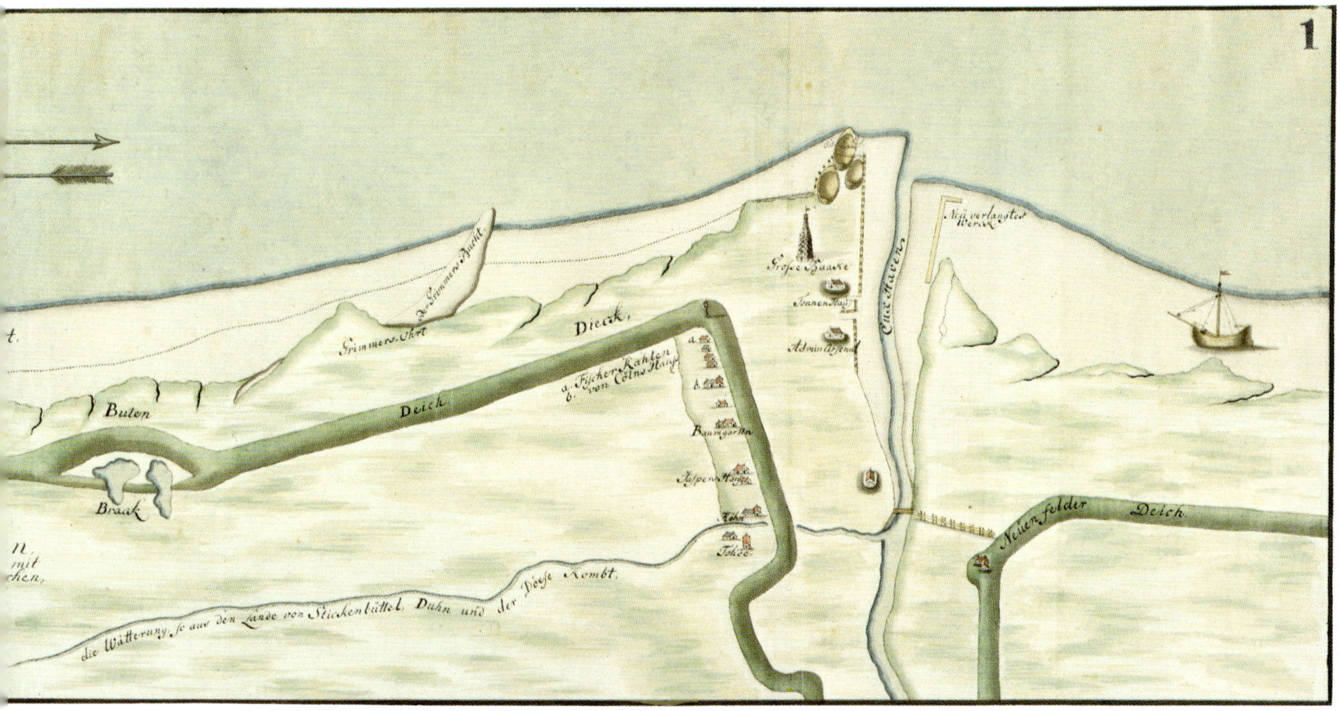

Die umfangreichsten und schließlich auch erfolgreichen Arbeiten zur Befestigung der bedrohten Uferstrecken fielen in die erste Hälfte des 18. Jahrhunderts. Die Sicherung des Kugelbakenbereiches, der Alten Liebe und schließlich der Neubau des Döser- und Neufelder Deiches. Die Bauarbeiten leiteten Bauinspektor Meyer und Leutnant Hasenbanck.

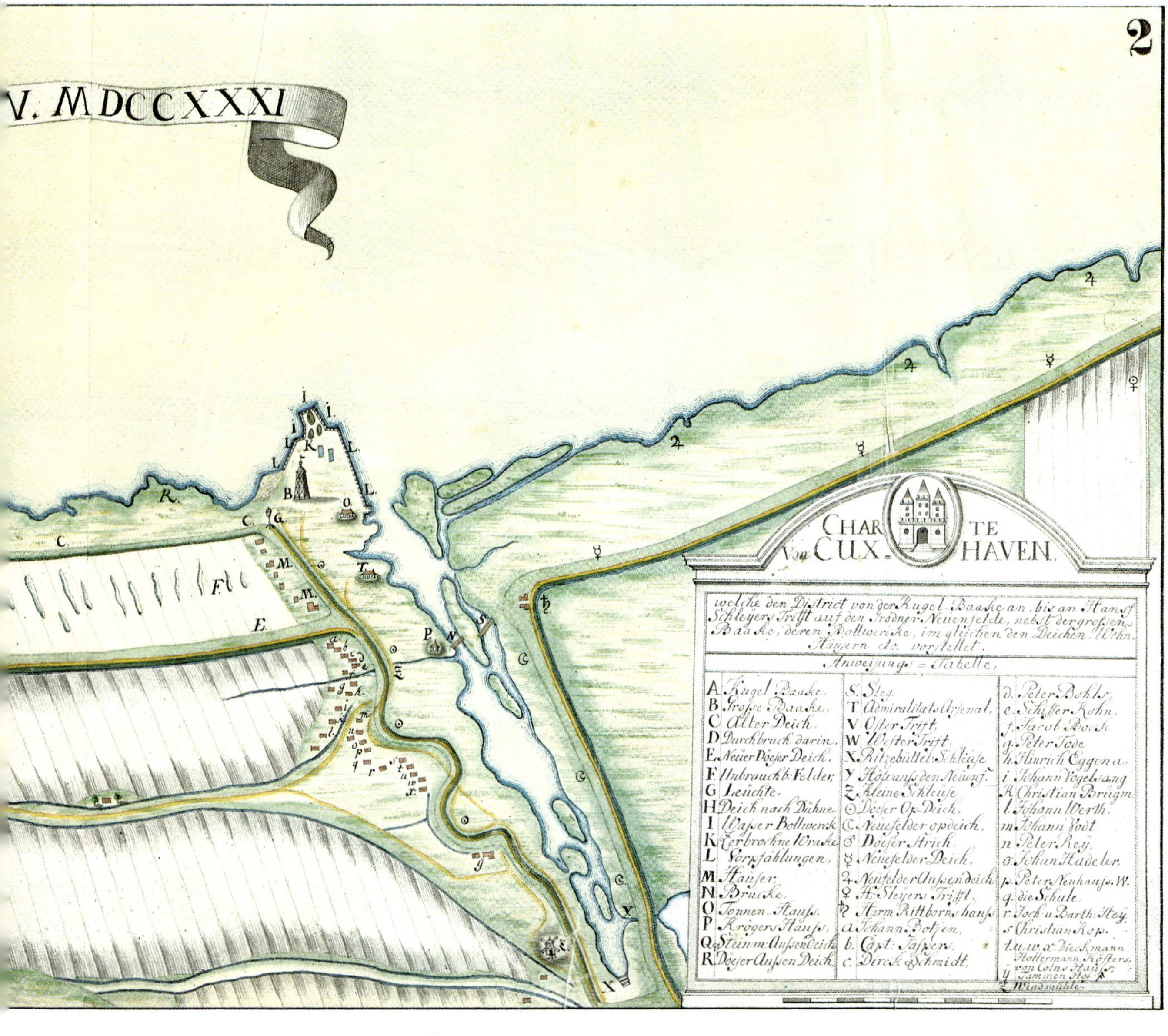

Die hamburgische Admiralitätsjacht, 1780 in England an der Themse gebaut, diente als Elbebereisungsschiff und den Admiralitätsbürgern für Fahrten zwischen Hamburg und Cuxhaven/Ritzebüttel. Sie hatte außerdem die Aufgabe, die Beachtung der hamburgischen Hoheitsrechte in der Elbmündung zu kontrollieren.

Die bis in das 18. Jahrhundert noch aus Eichenholz gefertigten und mit dem Hamburger Wappen versehenen Fahrwassertonnen waren zu wertvoll, um sie im Winter bei Eisgang zu gefährden. In dieser Zeit legte man die weniger aufwendigen »Treibbaken« aus.

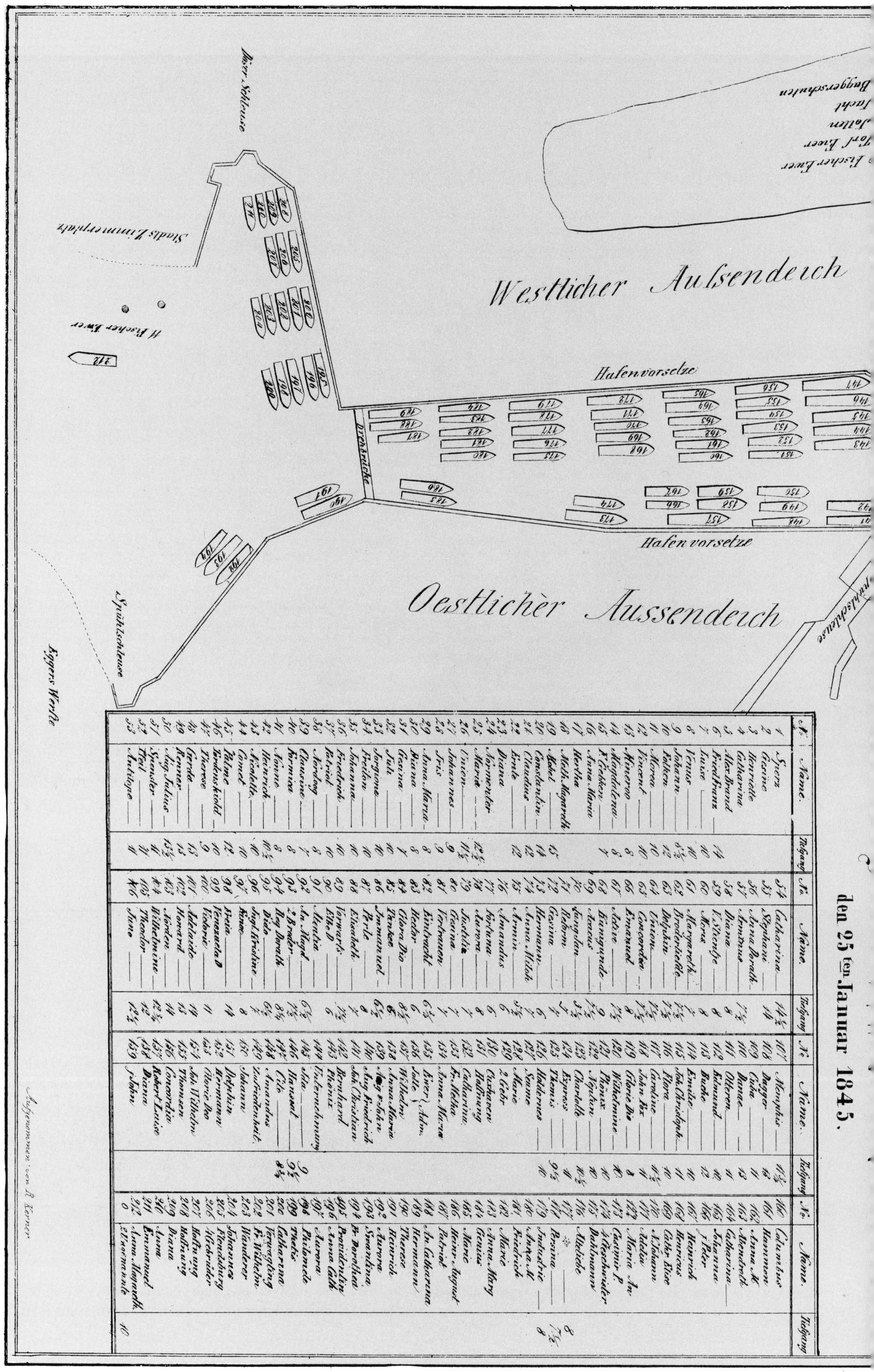
den 25ten Januar 1845.
Westlicher Außendeich
Oestlicher Aussendeich
Hafenvorsetze
Hafen vorsetze
Drehbrücke
Stadts Zimmerplatz
Eggers Werfte

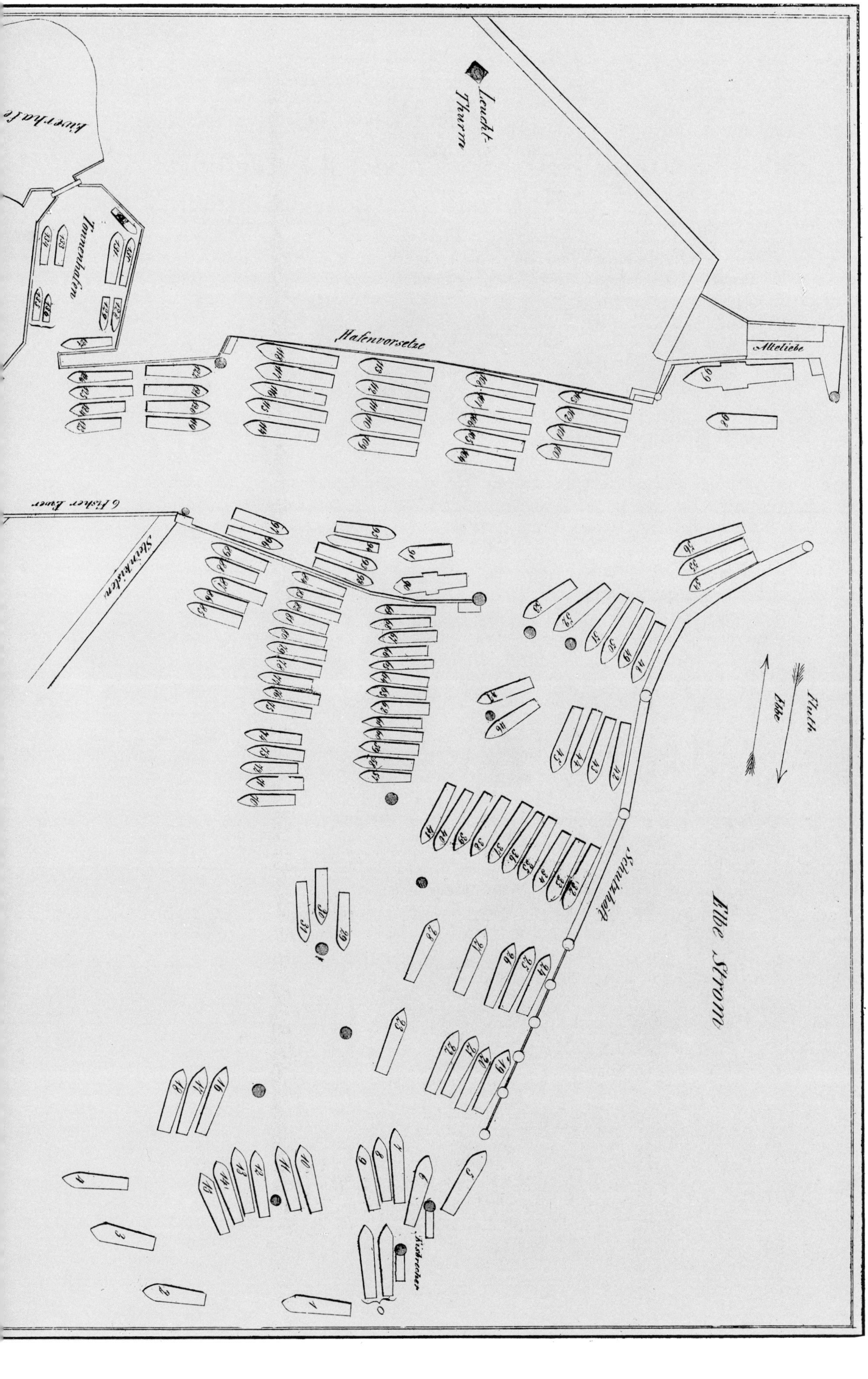
Leucht-Thurm
Tonnenhafen
Hafenvorsetze
Alteliebe
Steinkisten
Elbe Strom
Fluth
Ebbe
Eisbrecher

Reglement,

wonach sich alle in dem Hafen zu Curhaven ankommende Schiffer zu verhalten haben.

1. Es soll kein Ballast noch Unrath, er bestehe worin er wolle, aus dem Fahrzeuge in den Hafen geworfen werden.
2. Kein Pech, Theer oder Harz soll binnen Schiffsbord gekocht werden.
3. Niemand soll sich unterstehen, innerhalb des Hafens auf den Schiffen zu schießen, noch brennende Lunten am Bord haben; vielmehr muß jeder Capitain, so wie er in den Hafen kommt, sofort dem Hafenmeister es anzeigen, wenn er Pulver am Bord hat, und dasselbe nach dessen Anweisung abliefern, auch falls einige Kanonen am Bord geladen sein sollten, die Schüsse aus denselben sofort ausziehen.
4. Schiffe und Fahrzeuge dürfen sich nicht in die Queere des Hafens, oder so legen, daß die freie Ein- und Ausfahrt behindert werde, noch dürfen die Taue an beiden Seiten queer über befestiget, noch die Anker und Draggen in die Mitte oder sonst an ungebührliche Orte hingeworfen werden; sondern es muß die Mitte des Hafens zur bequemen Durchfahrt gänzlich offen bleiben.
5. Es muß der Zugang zu dem daselbst befindlichen Arsenal auf keine Weise gesperrt werden; damit man aus demselben den hülfsbedürftigen Schiffen, zu aller Zeit, das Erforderliche abliefern könne.
6. An Vorsetzen, Wänden, Treppen, Brücken und Geländern darf kein Schiff angebunden werden; sondern es muß solches lediglich an den Pfählen und ducs d'albe geschehen.
7. Die Schiffer sollen die Anzeige der Plätze im Hafen, wohin sie ihre Schiffe hinzulegen, oder, wenn andere ankommen, zu verändern haben, lediglich von dem Commandeur oder von dem Hafenmeister erwarten, und darunter sowohl, als in allen anderen Stücken, demjenigen, was sie ihrentwegen zu verfügen nöthig erachten werden, bereitwillige Folge leisten.
8. Eine Stunde nach Untergang der Sonne soll alles Volk am Bord ihrer Schiffe sein, und Niemand von selbigem sich am Lande betreten lassen.
9. Nach 7 Uhr Abends soll Keiner in dem Hafen einiges Feuer auf dem Schiffe machen, noch Licht, ohne Leuchte, brennen lassen.
10. Aller Unfug und jede Gewaltthätigkeiten und Widersetzlichkeiten, besonders innerhalb des Hafens, bleiben, bei der schwersten Ahndung, verboten.
11. In allewege ist der Verfügung des Hafenmeisters sofort unbedingt Folge zu leisten, jedoch stehet dem, der sich beschwert glaubt, es frei, nachdem er zuvörderst dem Befehle Folge geleistet, sich an den Commandeur und eventualiter an den Herrn Amtmann zu wenden.

Wer wider diese Verordnung handelt, soll unverzüglich vor den Herrn Amtmann zu Ritzebüttel gefordert, oder sogleich arretirt, und für jeden Contraventions-Fall bis zu 10 Reichsthaler, oder, nach Befinden, anderen willkürlichen, härteren, besonders mit Gefängniß-Strafen belegt werden; und soll der Schiffer für dasjenige, was seine Schiffsmannschaft verbricht, gehalten sein.

Actum et decretum in Senatu Hamburgensi, publicatumque sub Signeto. Veneris, d. 13. Octobris, 1826.

Anhang zum Hafen-Reglement.

Da es angemessen erscheint, in den Bestimmungen des Hafen-Reglements, das Halten von Feuer und Licht am Bord der Schiffe betreffend, einige Erleichterungen eintreten zu lassen und zugleich, in Beziehung auf das zeitweilige Aufeisen des Hafens, bestimmte Vorschriften für die daselbst liegenden Schiffe nothwendig geworden sind, so wird hiedurch, resp. an die Stelle des § 9 und als Zusatz zum Hafen-Reglement, bis auf weiteres und der jederzeitigen Wiederaufhebung unbeschadet, folgendes verfügt und den Beikommenden zur gleichmäßigen Nachachtung bekannt gemacht:

In den Kajüten kann bis 9 Uhr Abends, im Volks-Logis bis 8 Uhr Abends geheizt werden. In der Combüse muß das Feuer um 7 Uhr Abends aus sein. Wenn die Combüse das Volks-Logis (Roof) heizt, so kann bis 8 Uhr Feuer darin gehalten werden. Dampfböte können immer Feuer unter ihren Kesseln haben.

Oellampen können brennen, so lange Feuer erlaubt ist, sowohl im Volks-Logis als in der Kajüte; für die Nacht sind sogenannte Nachtlichter (Oelschwimmer) erlaubt, Lichter jeglicher Art sind verboten, außer wenn Jemand eine Laterne mit einem Lichte zum augenblicklichen Gebrauche hat.

Gaslampen sind als feuergefährlich verboten, wenn sie nicht in Compaß-Bügeln aufgehängt sind.

Wenn der Hafen von Staatswegen aufgeeiset wird, so sind die Capitaine verpflichtet, das Eis von ihren respectiven Schiffen absetzen zu lassen, damit keine Eisstopfung entsteht, auch sonst Alles zu entfernen, was dem freien Abzug des Eises hinderlich sein könnte, als Trossen, Schalupen, Treppen an den Seiten 2c.

Die Schiffe am Priel sind berechtigt, die Hülfe der mit ihnen in derselben Lage liegenden Schiffe in Anspruch zu nehmen.

Sind die Capitaine hierin säumig, so wird sogleich, weil hier keine Zeit zu verlieren ist, für ihre Rechnung abseiten der Hafen-Beamten die nöthige Mannschaft an Bord gesandt und der Kostenbetrag eventualiter executivisch beigetrieben werden.

Gegeben auf dem Hause Ritzebüttel, den 19. December 1853.

Der Senator und Amtmann
C. Hartung. Dr.

Die Capitaine werden angewiesen, wenn sie mit ihrem Schiffe in dem hiesigen Hafen sind, den Klüverbaum sogleich einzunehmen und die Unterraaen nach der Pfahlseite aufzutoppen.

Cuxhaven, 1868.

Der Commandeur und Lootsinspector
E. Abendroth.

Der Hafen wurde im 19. Jahrhundert als Schutzhafen immer stärker in Anspruch genommen. Der Hafenbelegungsplan (Seiten 24/25) aus dem Jahre 1845 zeigt den letzten Liegeplatz besetzt. Der so erheblich gewachsene Hafenbetrieb machte daher auch ein streng kontrolliertes Hafenreglement erforderlich.

Der alte Löschplatz an der Ritzebütteler Schleuse um 1890. Links im Bild der von Steinmetz Hinr. Wilh. Nic. Hahl im Jahre 1847 erbaute Kran zum Verladen von Mühlensteinen und Baumaterial.

Unten die Deichstraße um 1905 mit dem durch die Deichverlegung vom übrigen Schleusenpriel abgetrennten alten Löschplatz.

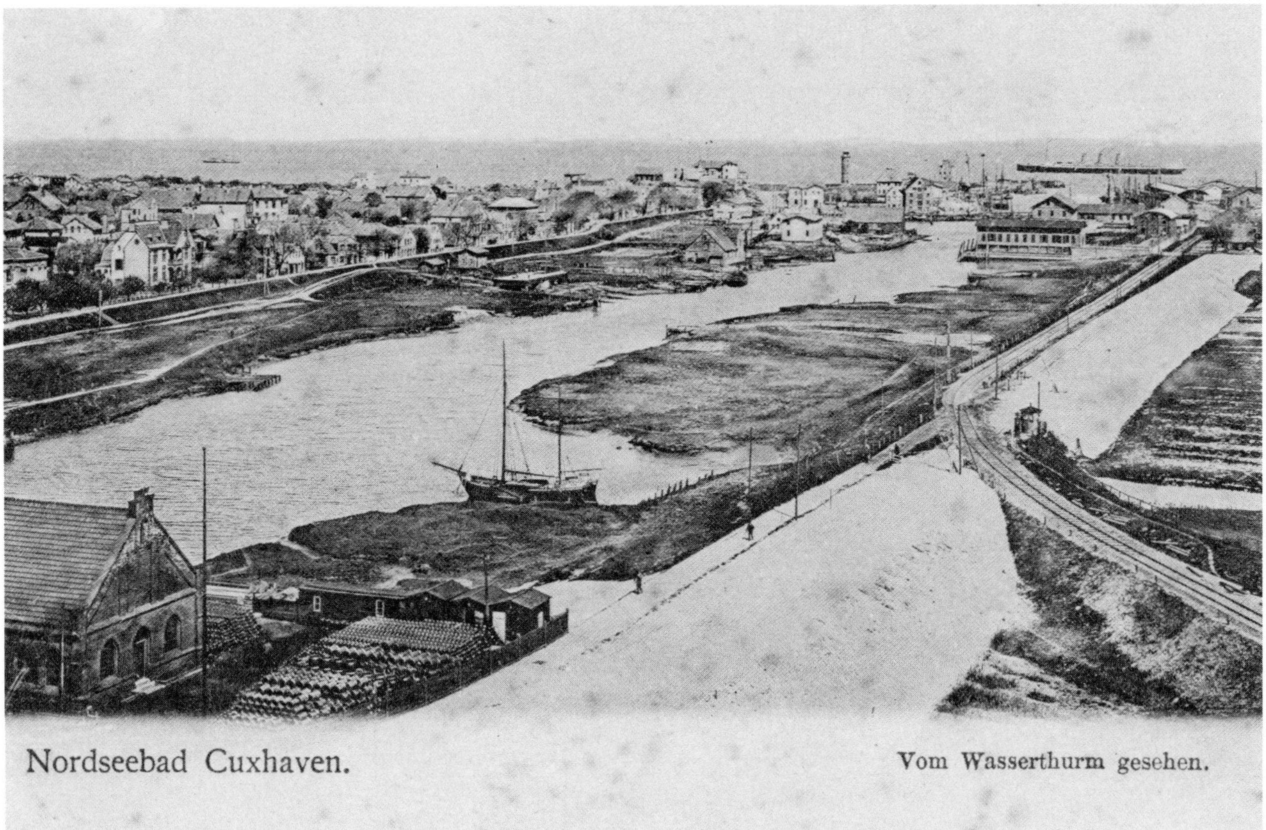

Das südliche Teilstück des Alten Hafens, der Schleusenpriel, oben noch mit unbefestigten Ufern. Im Hintergrund die Anfänge der Mützelfeldtwerft, vormals Bufe, mit Zollkaje und Kaiserlichem Minendepot.

Unten schließlich der Schleusenpriel mit ausgebautem Löschplatz nach der Deichverlegung von der Bahnhofstraße quer durch den Hafenarm. Hier im Jahre 1930.

Reges Leben am Löschplatz Deichstraße. Aus Elbewern wird Baumaterial entladen. Auch nach der Fertigstellung des Amerikahafens vor dem ersten Weltkriege, wurde die Kleinschiffahrt überwiegend im Alten Hafen abgefertigt.

Cuxhavener Fischewer vor den Speichern an der Woltmannkaje. Die Häuserreihe mußte in den dreißiger Jahren dem Ausbau des Tonnenhofes weichen. Dabei wurden auch die alten hölzernen »Vorsetzen« durch eine stabile Kaimauer ersetzt.

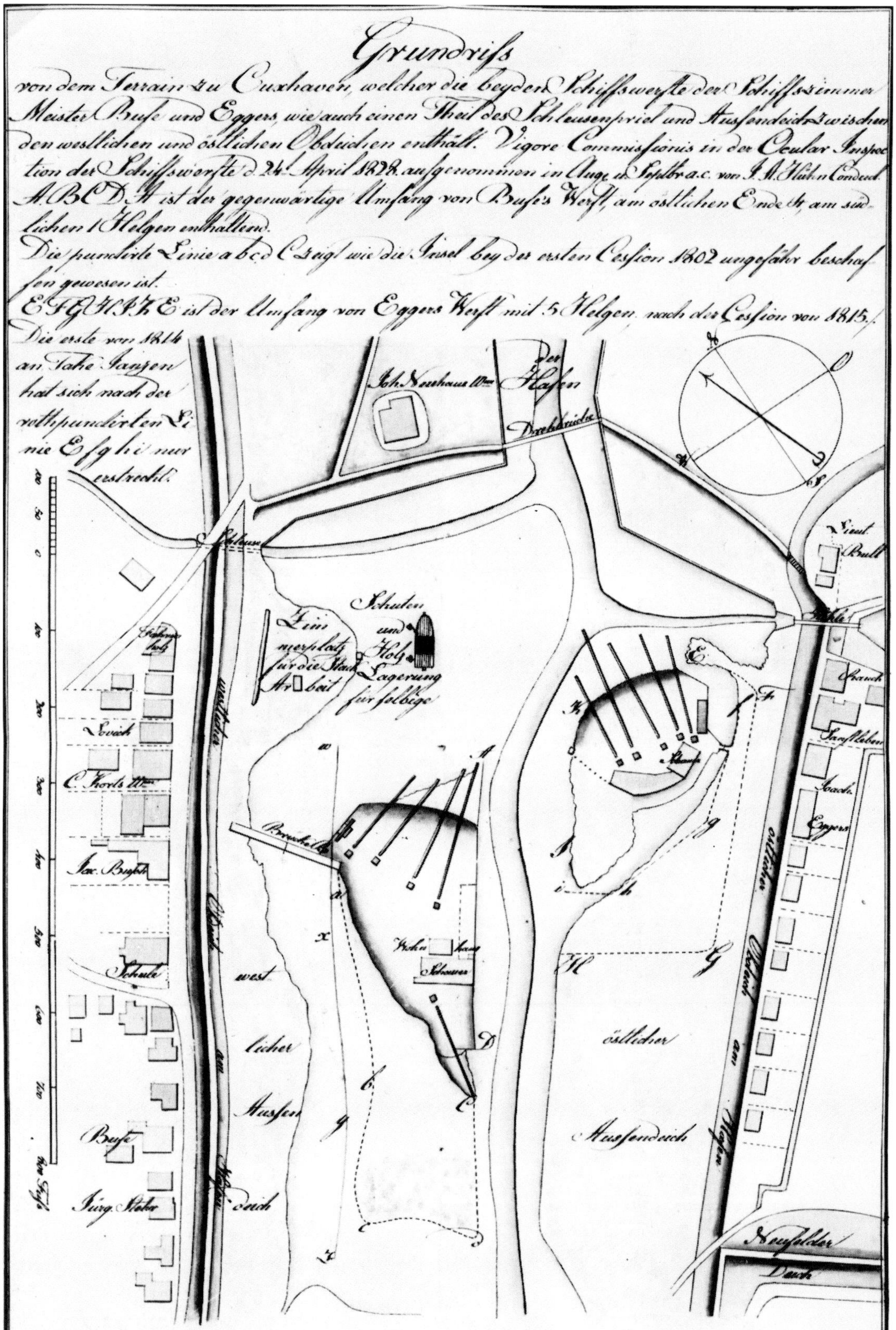
Grundriss
von dem Terrain zu Cuxhaven, welcher die beyden Schiffswerfte der Schiffszimmer Meister Buße und Eggers wie auch einen Theil des Schleusenpriel und Aussendeich zwischen den westlichen und östlichen Obdeichen enthält. Vigore Commissionis in der Oculas Inspection der Schiffswerfte d. 24. April 1828 aufgenommen in Aug. u. Septbr. a.c. von J. A. Hahn Conduct.
A B C D A ist der gegenwärtige Umfang von Buße's Werft, am östlichen Ende 4, am südlichen 1 Helgen enthaltend.
Die punctirte Linie a b c d C zeigt wie die Insel bey der ersten Cession 1802 ungefähr beschaffen gewesen ist.
E F G H I K E ist der Umfang von Eggers Werft mit 5 Helgen, nach der Cession von 1815.
Die erste von 1814 an Tahe Janzen hat sich nach der rothpunctirten Linie E f g h i nur erstreckt.
Der Hafen
Drehbrücke
Schleuse
westlicher Obdeich am Hafen
östlicher Obdeich am Hafen
westlicher Aussen deich
östlicher Aussendeich
Neufelder Deich
Schuten und Holz Lagerung für selbige
Zimmerplatz für die Stack Arbeit
Wohnhaus
Schauer
Anmerk. Die rothe Linie w x y z ist 150 Fuss vom westlichen Obdeich entfernt und also diejenige woven in der Cessions Acte 1802 Erwähnung geschehen, sie ist von der Linie d C D A 180 bis 200 Fuss entfernt.
H. S. Hahn cop.

Die Mützelfeldt-Werft 1905 und 1920. Auf dem Platz der heutigen Mützelfeldt-Werft begann der Schiffszimmerbaas Johann Christian Elfers am 28. Juli 1802 mit dem Schiffbau. 1816 übernahm J.J. Dürrels den Werftplatz und vermietete ihn für kurze Zeit an Taake Janssen. Am 13. Dezember 1821 kaufte Johann Christian Bufe die Werft. Bis 1854 sind hier, im Schiffsregister nachgewiesen, 18 größere Schiffe gebaut worden. Der größte Neubau, die Bark »Europa«, hatte die Werft finanziell überfordert, so daß sie am 20. Juni 1855 den Betrieb schließen mußte. – Der Sohn des alten Besitzers, August Bufe, führte später die Werft weiter. Sie blieb bis 1903 im Eigentum der Familie Bufe. Am 3. November 1904 wurde der Schiffbauplatz schließlich an Franz Mützelfeldt verkauft und bis heute von der Familie zu beachtlicher Größe entwickelt.
Übrigens begann den ersten in Cuxhaven nachgewiesenen Schiffbau der Schiffszimmermeister Georg Klemeke am 8. August 1798 »in der Bucht am Magazinhause am Hafen.«

Blick auf die Helgen des zweiten Cuxhavener Werftbetriebes, Eggers' Werft, um 1870. Gegründet wurde das Unternehmen von Schiffszimmerbaas Joachim Eggers um 1816 und am 28.3.1889 an die Kaiserliche Marineverwaltung zur Einrichtung eines Minendepots verkauft.

Um 1890 sind die Werftplätze Eggers / Bufe ohne Beschäftigung.

Das untere Bild zeigt die gegenüberliegende Hafenseite mit der Speicher- und Häuserzeile an der Zollkaje / Woltmannskaje um 1930.

Die Mützelfeldtwerft am Schleusenpriel 1968 und der Dockbetrieb im Amerika-Hafen 1980.

1963 Blick vom Funkmast des Tonnenhofes auf den Alte-Liebe-Bereich.

Rechts im Bild die Fahrzeuge des Wasser- und Schiffahrtsamtes an der Woltmannkaje 1975. Von links nach rechts: M.S. »Vogelsand«, M.S. »Baumrönne«, das havarierte Feuerschiff »Elbe 2«, »Bürgermeister Bartels«, M.S. »Eisfuchs«, M.S. »Greif«, Tonnenleger »Walter Körte« und »Konrad Meisel«. An der Alten Hafenkaje liegen Versorger »Heidelberg« und Bugsierschlepper »Atlas«.

Der Alte Hafen mit »Winterliegern« um 1876. Ein Blick auf die Nordseite des Tonnenhofes.

Ein Winterbild des Hafens im Eiswinter 1900/01. In der Bildmitte die Bugsier-Schlepper »Centaur«, »Magnet« und »Athlet«.

Eine Brigg und ein Vollschiff am Alten Hafenkai vor der Signalstation um 1900.

Im weiteren Verlauf der Deichlinie von der Alten Liebe nach Süden, die Häuser am Ewerhafen. Im Bild unten von links nach rechts: Lotsenwohnhaus – heute Hus op'n Diek – das Haus von Schiffsmakler Hultgren und das Wirtshaus »Schifferhaus«. Das Haus gehörte 1881 dem Kapitän und Schiffseigner Seede Balsen, der an dieser Stelle das 1886 eingeweihte Hotel Continental bauen ließ.

Ein Blick von der Signalstation nach Süden in Richtung Tonnenhof mit der Lotsenjolle »Undine« um 1890. – Am linken Bildrand Leuchtschiff Elbe 1 »Gustav-Heinrich«.

Schiffsmakler Konsul Hultgren mit der »Maklerjolle«. – 1887 –

Die Alte Hafenwache am Tonnenhof mit Reserve-Feuerschiffen und dem 1897 erbauten Lotsendampfer »Simon von Utrecht« und die Speicher am Tonnenhof.

Die Drehbrücke mit den Speichern südlich des Tonnenhofes.

An den alten Vorsetzen Tonnenleger »Neuwerk« , und Osteriff-Feuerschiff ex. Schonerkuff »Aurora«.

Blick auf Lotsenhaus und Rettungsbootschuppen.

Reservefeuerschiffe um 1913.

Von der Drehbrücke aus schaut man 1910 nach Norden in Richtung Tonnenhof – Alte Liebe und den Liegeplatz der Schlepper des Nordischen Bergungsvereins an der Alten Hafenkaje. Am Tonnenhof liegen »Neuwerk«, »Undine«, der Lotsendampfer »Capitain Karpfanger« – erbaut 1892 – an den Pfählen Lotsenschoner Nr. 3 »Hamburg«.

An der Hafenkaje des Alten Hafens befanden sich 1908 die Liegeplätze der Finkenwärder Kutterflotte, welche Cuxhaven als Hauptstützpunkt und Schutzhafen aufsuchte. Seit dem 2. Weltkriege war hier der Platz der Cuxhavener Krabbenkutter.

In der zweiten Hälfte des 19. Jahrhunderts entstanden in der Hafengegend zahlreiche Versorgungsbetriebe für die Schiff-fahrt: Schiffshändler, Taklereien, Segelmacher usw. Hier zeigt das Bild die Bäckerei von E. Kunz an der Ecke Deich-straße/Neue Reihe, heute Cafe Opper.

Lagerhäuser an der Fahrenholzstraße. Am linken Bild-rand das Lager von Dutton & Dulz Kohlenhandel.

Bäckerei Döscher, später Spreckelsen und Stolte an der Ecke Alter Deichweg/Fahrenholzstraße.

Am »Slippen«, dem Deichdurchlaß in der Deichstraße, drängten sich die Hotels. Die Ansicht aus dem Jahre 1905 zeigt von links nach rechts das Hotel Kaiserhof, Nordsee-Hotel, die Segelmacherei von A. Rickmers und Hotel »Concordia«.

Die Niederlassung von H.C. Rickmers in Cuxhaven 1850 an der Ostseite neben dem Durchlaß zur Spülschleuse. Der Gründer der Segelmacherei, Adolphe Rickmers, zog 1816 von Helgoland hierher. Der letzte Besitzer aus der Familie Rickmers, Adolf Rickmers, starb 1904. Von den Gebrüdern Grimcke wurde die Firma weitergeführt und 1973 von einem Bremerhavener Betrieb, 1980 jedoch wieder von Cuxhavener Geschäftsleuten übernommen. Die zahlreichen Cuxhavener Schiffstakler- und Segelmacherbetriebe sind zurückgegangen auf zwei, die heute noch dieses alte Handwerk betreiben.
Nach dem Ende der Franzosenzeit, 1815, wurde vom Amtmann Abendroth auf der Ostseite eine Seilerei mit Reeperbahn aufgebaut, die das damalige Nicolai-Armenhaus betrieb. Die Seilerei belieferte hauptsächlich die Hamburger Marineverwaltung mit Tauwerk und Trossen.

Der gleiche Blick 1976. Das Rickmerssche Haus ist 1977 abgerissen worden.

Amerika-Hafen/Steubenhöft

Der »Neue Hafen« und das »Landungshöft«, ab 1913 Amerika-Hafen und Steubenhöft, waren ab 1896 die wichtigsten Teile der Cuxhavener Hafenanlagen.

Der »Neue Hafen« war in seinen Abmessungen ausgerichtet auf die Größe der damaligen Transatlantikdampfer der Hamburg-Amerika-Linie, z.B. »Fürst Bismarck« mit einer Länge von 154 Metern, Baujahr 1891. Niemand hatte damals anscheinend die stürmische Entwicklung des Amerika-Verkehrs und der Schnelldampfer vorhergesehen. Zwar war die Westmole der Einfahrt zum Neuen Hafen, der sogenannte »westliche Hafenkopf«, oder auch »Neue Liebe«, anfangs als Landungshöft für die Passagierschiffe vorgesehen, stellte sich aber schon für die alten Dampfer als zu klein heraus. So ging man bald dazu über, die Passagiere mit »Tendern« zu den auf der Reede ankernden Schiffen zu bringen. Abgefertigt wurden sie ab 1888 am »Alten Hafenbahnhof« auf der Westseite des Alten Hafens, später auch am Westlichen Hafenkopf, wo man 1900-02 die entsprechenden Abfertigungsanlagen baute.

Ein anfänglich im Neuen Hafen geplantes Trokkendock kam nicht zustande, da sich die HAPAG nicht an den hohen Kosten beteiligen wollte.

Als um 1908 die Schnelldampfer der Imperator-Klasse mit einer Länge von 270 Metern im Projekt waren, reichte auch der 1910 auf 180 Meter nach Westen verlängerte Hafenkopf nicht mehr aus. Das neue, 1912 begonnene 400 Meter lange Landungshöft erhielt man – wie bereits geschildert – durch die Schließung der alten Einfahrt. Von hier aus machten die neuen Schnelldampfer der HAPAG, »Imperator« und »Vaterland« die ersten Reisen, bis der Krieg die Weiterentwicklung beendete. Nach dem Friedensschluß diente der Amerika-Hafen lange Jahre als Schutzhafen. Die Kleinschiffahrt ankerte dort bei Sturmwetterlagen oder bei Eisgang.

Das Steubenhöft sah noch 1919 zuerst die Heimkehrertransporte aus allen Weltgegenden, bis am 6. März 1920 D. »Saxonia« der Cunard-Line wieder den Passagierdienst eröffnete. Ab 1923 begann schließlich die HAPAG mit der Ballin-Klasse den Passagierdienst nach den USA. »Albert Ballin« (später »Hansa«), »Deutschland«, »Hamburg« und »New York«, waren hier bis zum Ausbruch des zweiten Weltkrieges ständige Gäste, aber auch alle anderen großen Passagierschiffe der Hamburg-Amerika-Linie.

Den Amerika-Hafen belegte im 2. Weltkrieg die Kriegsmarine fast vollständig mit ihren Minensuch- und Räumbooten, während am Lentzkai die deutschen und neutralen Handelsdampfer mit Bunkerkohlen versorgt wurden. – Das Steubenhöft war ständiger Liegeplatz der Sperrbrecher.

Nach dem Kriege begann schon ab 1948 wieder der Passagierdienst der Cunard-White-Star-Lines nach Kanada, anfangs hauptsächlich mit Auswanderern (Displaced Persons).

Die United States Lines kamen 1950 mit der »Washington« an das Steubenhöft. Sie war vor Kriegsausbruch auch das letzte Schiff gewesen.

Die HAPAG war 1952 wieder da, wegen der Potsdamer Bestimmungen noch mit einem Charterschiff unter Panamaflagge, der »Italia«. Die Kanada-Verbindung betrieben die Home-Lines weiter.

Mit der Gründung der eng mit der HAPAG zusammenarbeitenden Hamburg-Atlantik-Linie, erschien 1963 wieder die deutsche Flagge auf der traditionellen Route Cuxhaven-New-York. Das erste Schiff, die »Hanseatic«, erfreute sich bald großer Beliebtheit, konnte den Liniendienst allerdings nur drei Jahre lang versehen. Sie brannte 1966 in New-York aus und wurde durch eine neue »Hanseatic«, die von Israel angekaufte »Shalom«, ersetzt. 1969 folgte als Flaggschiff der Linie, der erste große Passagierschiffsneubau der Nachkriegszeit, die »Hamburg«. An der neuen Passagier-Reederei hatten sich auch eine Anzahl Cuxhavener Bürger beteiligt, in der berechtigten Hoffnung auf eine neuerliche Aufwärtsentwicklung der Passagierfahrt. Es zeigte sich leider bald, daß die große Zeit der Nordatlantik-Passagierlinien endgültig vorbei war. Die Home-Lines hatten die Kanada-Route bereits 1962 aufgegeben. 1972 war auch die Atlantik-Linie gezwungen, ihren Betrieb einzustellen. – Der Übergang in das sich abzeichnende lukrative Kreuzfahrtgeschäft gelang leider nicht. Die Reederei mußte 1973 aufgelöst und die Schiffe verkauft werden. Heute sieht das Steubenhöft nur noch sehr selten ein Passagierschiff, bis auf etliche Kreuzfahrer auf Nordlandreise. – Hamburg ist dazu übergegangen, die noch die Elbe anlaufenden Passagierschiffe an den Anlagen in Hamburg abzufertigen. Dafür kommen mitunter werftneue Großschiffe zur Teilausrüstung und um auf die erste Charter zu warten. Die richtige Zukunftsaufgabe für die Anlage konnte bislang noch nicht gefunden werden.

Doch das Steubenhöft lebt weiter in der Erinnerung vieler tausend Auswanderer und Amerika-Reisender, die hier zum letzten Mal die alte Heimat grüßten.

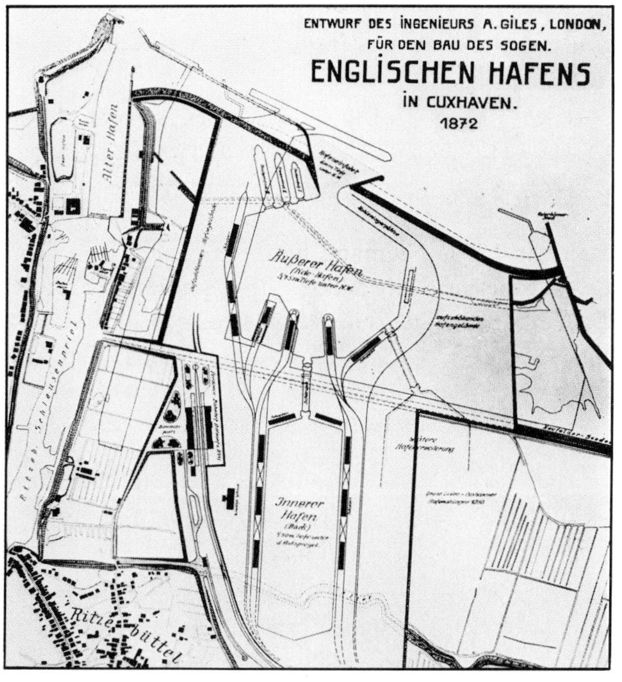

Der sogenannte »Englische Hafen« war das Projekt der 1872 gegründeten Hamburg-Stade-Cuxhavener Eisenbahn- und Hafenbaugesellschaft, das bald wegen Finanzierungsschwierigkeiten beim Hafenbau scheiterte. Dagegen konnte die Eisenbahnverbindung nach Hamburg 1881 fertiggestellt werden. Der »Neue Hafen«, mit den beiden »Hafenköpfen« an den Endpunkten der Einfahrtsmolen, wurde schließlich 1891/96 von Hamburg gebaut, schnell zu klein geworden, 1912/14 von 9 auf nunmehr 42 Hektar zum Amerikahafen erweitert.

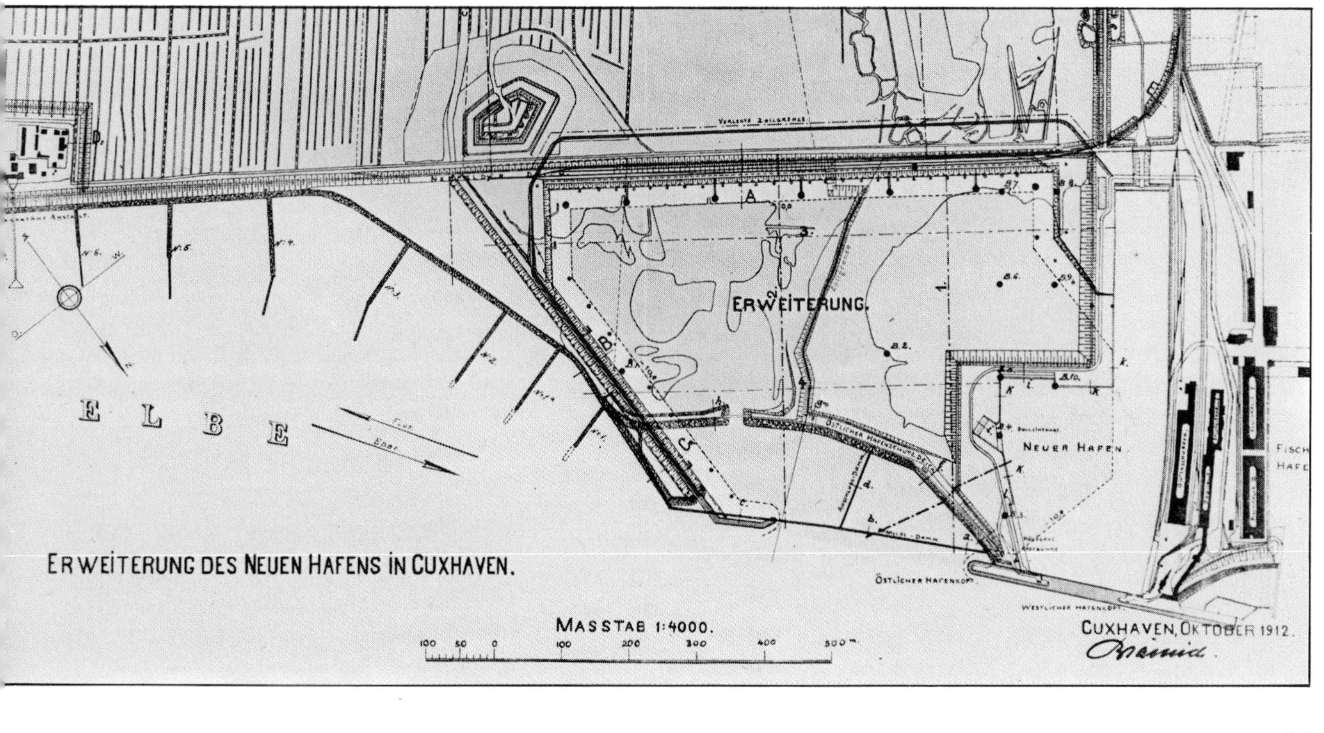

Auf dem oberen Bild 1892 ein Blick nach Osten über die Schleppdampferliegeplätze und den Quarantänehafen auf das Baugelände des Neuen Hafens.

Links eine Hebebühne für den Erdaushub im Hafenbecken.

Unten im Dezember 1914 der zum Amerikahafen erweiterte Neue Hafen.

1903 Blick über den Neuen Hafen auf Lentzkai und westlichen Hafenkopf. Die Schiffe im Flaggenschmuck zu »Kaisers Geburtstag«.

Schnelldampfer »Deutschland« 1904 am Lentzkai. Erbaut 1900 beim Stettiner Vulcan, 16 502 BRT, am 5. 8.1911 umgetauft in »Victoria Luise«, 1925 abgewrackt.

Schnelldampfer »Fürst Bismarck« 1896, ein ständiger Gast in Cuxhaven in dieser Zeit. 1891 beim Stettiner Vulcan gebaut, 8874 BRT, 1904 nach Rußland verkauft. Mit der ersten Abfertigung des Schiffes am 14. Januar 1897 wurde der Neue Hafen offiziell in Betrieb genommen.

Schnelldampfer »Columbia« der HAPAG, 7578 BRT, 1889 in Birkenhead erbaut und 1904 nach Rußland verkauft.

HAPAG-Tender »Blankenese« bringt 1895 Passagiere zur »Columbia« auf Cuxhaven-Reede. Vor der Fertigstellung des Neuen Hafens mußten die Schiffe notgedrungen auf dem Strom abgefertigt werden.

Rechts Auswanderer an Deck der »Columbia« und darunter als etablierte U.S.-Bürger in Amerika.

Das Auswanderergeschäft der HAPAG hatte um die Jahrhundertwende einen erheblichen Umfang angenommen. Schiffe der Hamburg-Amerikalinie brachten im Jahre 1900 65 000 Auswanderer in die »Neue Welt«. Ein erheblicher Teil davon wurde in Cuxhaven eingeschifft. Alte Liebe und Kugelbake waren ihnen die letzte Erinnerung an die alte Heimat.

Vor dem Bau der Seebäderbrücke war der Hafenkopf, im Volksmund auch Neue Liebe genannt, Abfertigungsplatz der Bäderschiffe.

Bäderdampfer »Prinzessin Heinrich« beim Anlaufen des Westlichen Hafenkopfes vor dem Molenfeuer der Hafeneinfahrt.

Seitenraddampfer »Willkommen« (1900-1924) der HAPAG bei der Passagier- und Gepäckübernahme

Die Eröffnung der Bahnverbindung im Jahre 1881 und die Fertigstellung der Bahnlinie nach Geestemünde 1896 ermöglichten in Cuxhaven den lange erhofften Aufschwung im Hafen und in der Wirtschaft.

Besuch Kaiser Wilhelm II. zur Kaiser-Regatta am 23. Juni 1897. Im Hintergrund Restaurant Seestern.

Kaiserbesuch 1910. SMY »Hohenzollern« an der verlängerten Neuen Liebe.

Kaiseryacht »Hohenzollern«, erbaut 1892, 4279 t, benutzte Cuxhaven als Stützpunkt für alle Nordseefahrten des Kaisers. Am Lentzkai war der ständige Liegeplatz. – Hier beim Auslaufen aus dem Neuen Hafen mit Wilhelm II. an Bord – im Großtopp die Kaiserstandarte.

Das Hauptportal der Hapaghallen und das Restaurant des Seebahnhofes.

Schnelldampfer »Imperator«, 52 000 BRT, erbaut 1912/13 beim Hamburger Vulcan, hat mit der ersten Ausreise, am 11. Juni 1913, das gerade fertiggestellte Steubenhöft eröffnet. Das Bild zeigt das erste Anlaufen des Schiffes auf der Probefahrt. »Imperator« mußte 1920 an England ausgeliefert werden und fuhr dann bei der Cunard-Line als »Berengaria«.

Der zweite, der kurz vor dem ersten Weltkrieg fetiggestellten großen Schnelldampfer der HAPAG, war die »Vaterland«. Das Schiff wurde 1913/14 bei Blohm & Voß Hamburg gebaut, 54282 BRT, 1917 von den U.S.A. beschlagnahmt und fuhr dann unter der Flagge der United-States-Lines als »Leviathan«.

Blick von der Brücke der »Vaterland« auf das Steubenhöft und die Anlagen für die Passagierabfertigung.

Neubeginn der Passagierfahrt vom Steubenhöft nach dem 1. Weltkrieg. – Hier die 1914 bei Tecklenborg und der AG Weser gebauten Schnelldampfer »Reliance« und »Resolute«, 19527 und 19692 BRT.

T.S. »Albert Ballin«, ab 1.10.1935 »Hansa«, erstes Schiff der Serie der »New-Yorker« der Hamburg-Amerika-Linie. Erbaut 1922/23 bei Blohm & Voß, 1945 nach Minentreffer vor Travemünde gekentert. 1949 gehoben und als »Sovietsky Sojus« wieder in Fahrt unter der Flagge der USSR.

Am 8. Februar 1950 abermals ein Neuanfang am Steubenhöft mit S.S. »Washington« der United-States-Lines.

Lentzkai 1960 als Bunkerstation für die noch zahlreich vorhandenen mit Kohle befeuerten Dampfschiffe. Mit dem Vormarsch des Öles wurde die Station schnell überflüssig.

Einkommende Bark im Sturm bei der Alten Liebe – nach einem Gemälde von Julius Huth.

Blick von der Seeseite auf die Alte Liebe. – Aquarell von Willy Stower 1908.

Cuxhavener Bilderbogen von 1890

Lith. v. Ad. Jacobsen, Hamburg.

Cuxhaven.

Das Panoramabild von 1908 zeigt die nördlichen Teile des Alten Hafens und des Fischereihafens in einer Gesamtansicht.

Die Alte Liebe 1913 mit dem am 8. März 1961 beseitigten Haus der Bootsleute.

Im Fischereihafen liegen die ersten Fischdampfer und rechts im Bild ist noch der Quarantänehafen zu sehen. Er wurde 1914 zu einem Teil des Fischereihafens und die Seebäderbrücke erhielt eine neue Zufahrt.

Luftschiff »Graf Zeppelin« 1929 über Cuxhaven. Links der 1912 umgebaute Seepavillon, rechts die 1923/24 gebauten Häuser für die Seelotsen, Bugsier-Reederei und Wetterwarte.

Sturmwetterlage an der Alten Liebe 1928 und während der Februarsturmflut am 17. Februar 1962.

Auf der oberen Abbildung sind zahlreiche »Windlieger« auf Cuxhaven-Reede zu sehen. Diese Reede mußte nach dem letzten Kriege wegen der Verengung des Fahrwassers aufgegeben werden.

Die Ansichten des Alten-Liebe-Bereiches 1963 und 1980. An der Bildseite der 1962 in Betrieb genommene »Radarturm« mit den Räumen des Schiffmeldedienstes und der Radarzentrale für die elektronische Sicherheitsüberwachung der Elbe von Elbe 1 bis zur Oste. Von hier aus beraten die Cuxhavener Elbe-Seelotsen bei Nebel auf dem Funkwege die Schiffahrt auf dem Elbe-Revier.

DAMPFSCHIFFAHRT

zwischen

Hamburg und den Elbstationen bis **Cuxhaven**, den Nordseebädern **Helgoland**, **Norderney** und **Föhr**, in Verbindung mit der Dampfschiffahrt zwischen Hamburg und Magdeburg, so wie der Eisenbahn von Magdeburg nach Halle, Leipzig, Dresden und Berlin.

REGULAIRE FAHRTEN

der, jetzt mit sehr verbesserten Einrichtungen und vorzüglichen Bequemlichkeiten ausgestatteten und durchgängig neu auf das Prachtvollste decorirten, schnellfahrenden soliden Hamburger Seedampfschiffe

PATRIOT UND ELBE

1842.

HINFAHRT.

Juny	3.	Freitag	8	Uhr Morgens von	Hamburg	nach Cuxhaven.	
-	7.	Dienstag	8	- - -	do.	- do.	
-	10.	Freitag	8	- - -	do.	- do.	
-	14.	Dienstag	8	- - -	do.	- do.	
-	17.	Freitag	8	- - -	do.	über Belum nach Cuxhaven.	
-	19.	Sonntag	5	- Lustfahrt -	do.	nach Belum.	
-	21.	Dienstag	7	- Morgens -	do.	- Helgoland.	
-	25.	Sonnabend	7	- - -	do.	- do.	
-	28.	Dienstag	7	- - -	do.	- do.	und **Norderney.**
-	29.	Mittwoch		- - -	Helgoland	- Norderney.	
Juli	2.	Sonnabend	7	- - -	Hamburg	- Helgoland	und **Föhr.**
-	3.	Sonntag		- - -	Helgoland	- Föhr.	
-	5.	Dienstag	7	- - -	Hamburg	- Helgoland	und **Norderney.**
-	6.	Mittwoch		- - -	Helgoland	- Norderney.	
-	6.	do.	7	- - -	Hamburg	- Helgoland.	
-	9.	Sonnabend	7	- - -	do.	- do.	und **Föhr.**
-	10.	Sonntag		- - -	Helgoland	- Föhr.	
-	12.	Dienstag	7	- - -	Hamburg	- Helgoland	und **Norderney.**
-	13.	Mittwoch		- - -	Helgoland	- Norderney.	
-	13.	do.	7	- - -	Hamburg	- Helgoland.	
-	16.	Sonnabend	7	- - -	do.	- do.	
-	19.	Dienstag	7	- - -	do.	- do.	und **Norderney.**
-	20.	Mittwoch		- - -	Helgoland	- Norderney.	
-	20.	do.	7	- - -	Hamburg	- Helgoland.	
-	23.	Sonnabend	7	- - -	do.	- do.	und **Föhr.**
-	24.	Sonntag		- - -	Helgoland	- Föhr.	
-	26.	Dienstag	7	- - -	Hamburg	- Helgoland	und **Norderney.**
-	27.	Mittwoch		- - -	Helgoland	- Norderney.	
-	27.	do.	7	- - -	Hamburg	- Helgoland.	
-	30.	Sonnabend	7	- - -	do.	- do.	
August	2.	Dienstag	7	- - -	do.	- do.	und **Norderney.**
-	3.	Mittwoch		- - -	Helgoland	- Norderney.	
-	3.	do.	7	- - -	Hamburg	- Helgoland.	
-	6.	Sonnabend	7	- - -	do.	- do.	und **Föhr.**
-	7.	Sonntag		- - -	Helgoland	- Föhr.	
-	9.	Dienstag	7	- - -	Hamburg	- Helgoland	und **Norderney.**
-	10.	Mittwoch		- - -	Helgoland	- Norderney.	
-	10.	do.	7	- - -	Hamburg	- Helgoland.	
-	13.	Sonnabend	7	- - -	do.	- do.	
-	16.	Dienstag	7	- - -	do.	- do.	und **Norderney.**
-	17.	Mittwoch		- - -	Helgoland	- Norderney.	
-	17.	do.	7	- - -	Hamburg	- Helgoland.	
-	20.	Sonnabend	7	- - -	do.	- do.	und **Föhr.**
-	21.	Sonntag		- - -	Helgoland	- Föhr.	
-	23.	Dienstag	7	- - -	Hamburg	- Helgoland	und **Norderney.**
-	24.	Mittwoch		- - -	Helgoland	- Norderney.	
-	24.	do.	7	- - -	Hamburg	- Helgoland.	
-	27.	Sonnabend	7	- - -	do.	- do.	
-	30.	Dienstag	7	- - -	do.	- do.	und **Norderney.**
-	31.	Mittwoch		- - -	Helgoland	- Norderney.	
-	31.	do.	7	- - -	Hamburg	- Helgoland.	
Septbr.	3.	Sonnabend	7	- - -	do.	- do.	und **Föhr.**
-	4.	Sonntag		- - -	Helgoland	- Föhr.	
-	6.	Dienstag	7	- - -	Hamburg	- Helgoland	und **Norderney.**
-	7.	Mittwoch		- - -	Helgoland	- Norderney.	
-	7.	do.	7	- - -	Hamburg	- Helgoland.	
-	10.	Sonnabend	7	- - -	do.	- do.	
-	13.	Dienstag	7	- - -	do.	- do.	
-	15.	Donnerstag	7	- - -	do.	- do.	
-	17.	Sonnabend	7	- - -	do.	- do.	
-	20.	Dienstag	7	- - -	do.	- do.	
-	22.	Donnerstag	8	- - -	do.	- Cuxhaven.	
-	24.	Sonnabend	7	- - -	do.	- Helgoland.	
	27.	Dienstag	8	- - -	do.	- Cuxhaven und so fort bis ultimo October jeden Dienstag und Freitag Morgens 8 Uhr von Hamburg nach Cuxhaven.	

RÜCKFAHRT.

Juny	4.	Sonnabend	von Cuxhaven	nach Hamburg.	
-	8.	Mittwoch	- do.	- do.	
-	11.	Sonnabend	- do.	- do.	
-	15.	Mittwoch	- do.	- do.	
-	18.	Sonnabend	- do.	über Belum nach Hamburg.	
-	19.	Sonntag	- Belum	nach Hamburg.	
-	23.	Donnerstag	- Helgoland	- do.	
-	27.	Montag	- do.	- do.	
-	30.	Donnerstag	- Norderney	- Helgoland und Hamburg.	
Juli	1.	Freitag	- Helgoland	- Hamburg.	
-	3.	Sonntag	- Föhr	- Helgoland	- do.
-	4.	Montag	- Helgoland	- Hamburg.	
-	7.	Donnerstag	- Norderney	- Helgoland	- do.
-	7.	do.	- Helgoland	- Hamburg.	
-	8.	Freitag	- do.	- do.	
-	10.	Sonntag	- Föhr	- Helgoland	- do.
-	11.	Montag	- Helgoland	- Hamburg.	
-	14.	Donnerstag	- Norderney	- Helgoland	- do.
-	14.	do.	- Helgoland	- Hamburg.	
-	15.	Freitag	- do.	- do.	
-	18.	Montag	- do.	- do.	
-	21.	Donnerstag	- Norderney	- Helgoland	- do.
-	21.	do.	- Helgoland	- Hamburg.	
-	22.	Freitag	- do.	- do.	
-	24.	Sonntag	- Föhr	- Helgoland	- do.
-	25.	Montag	- Helgoland	- Hamburg.	
-	28.	Donnerstag	- Norderney	- Helgoland	- do.
-	28.	do.	- Helgoland	- Hamburg.	
-	29.	Freitag	- do.	- do.	
August	1.	Montag	- do.	- do.	
-	4.	Donnerstag	- Norderney	- Helgoland	- do.
-	4.	do.	- Helgoland	- Hamburg.	
-	5.	Freitag	- do.	- do.	
-	7.	Sonntag	- Föhr	- Helgoland	- do.
-	8.	Montag	- Helgoland	- Hamburg.	
-	11.	Donnerstag	- Norderney	- Helgoland	- do.
-	11.	do.	- Helgoland	- Hamburg.	
	12.	Freitag	- do.	- do.	
-	15.	Montag	- do.	- do.	
-	18.	Donnerstag	- Norderney	- Helgoland	- do.
-	18.	do.	- Helgoland	- Hamburg.	
-	19.	Freitag	- do.	- do.	
-	21.	Sonntag	- Föhr	- Helgoland	- do.
-	22.	Montag	- Helgoland	- Hamburg.	
-	25.	Donnerstag	- Norderney	- Helgoland	- do.
-	25.	do.	- Helgoland	- Hamburg.	
-	26.	Freitag	- do.	- do.	
	29.	Montag	- do.	- do.	
Septbr.	1.	Donnerstag	- Norderney	- Helgoland	- do.
-	1.	do.	- Helgoland	- Hamburg.	
-	2.	Freitag	- do.	- do.	
-	4.	Sonntag	- Föhr	- Helgoland	- do.
-	5.	Montag	- Helgoland	- Hamburg.	
-	8.	Donnerstag	- Norderney	- Helgoland	- do.
-	8.	do.	- Helgoland	- Hamburg.	
-	9.	Freitag	- do.	- do.	
-	12.	Montag	- do.	- do.	
-	14.	Mittwoch	- do.	- do.	
-	16.	Freitag	- do.	- do.	
-	19.	Montag	- do.	- do.	
-	21.	Mittwoch	- do.	- do.	
-	23.	Freitag	- Cuxhaven	- do.	
-	26.	Montag	- Helgoland	- do.	
	28.	Mittwoch	- Cuxhaven	- do. und so fort bis ultimo October jeden Mittwoch und Sonnabend von Cuxhaven nach Hamburg.	

Der Unterzeichnete behält sich vor, Abänderungen eintreten zu lassen, welche die Umstände erfordern möchten. Wenn die Witterung oder sonstige unvorherzusehende Ereignisse die Beendigung einer begonnenen Reise nicht gestatten sollten, so bleibt es dem Capitain überlassen, solche nach Umständen abzuändern oder aufzuschieben.

☞ ***Directe*** Billette von **Magdeburg** nach den obgenannten **Seebädern** ertheilen:
das Comptoir der Vereinigten *Hamburg-Magdeburger Dampfschiffahrts-Compagnie* in **Magdeburg**, so wie deren Agenten in **Leipzig**, **Dresden** und **Berlin**,
(Herr *F. Seruau*) (Herr *Ph. Elimeyer*) (Herren *Hermann & Meyer*)

und umgekehrt von den **Seebädern** nach **Magdeburg** ertheilen ***directe*** Billette:
in **Cuxhaven**, **Helgoland**, **Norderney** und **Föhr**,
(Herr Consul *C. L. Jäger*) (Herr *J. C. Bolzendahl*) (Herr Bade-Verwalter *J. H. Schulze*) (Herr Consul *N. F. Nommensen.*)
Hier in **Hamburg** aber sind (ausser am Bord) Billette zu lösen an meinem Comptoir: alter Wandrahm Nr. 58.

Julius Kühne.

Gedruckt bei F. H. Nestler & Melle.

Der Seebäderdienst und die Unterelbe-Passagierschiffahrt

Nach Beendigung der Befreiungskriege und dem Abzug der Franzosen, begann in Norddeutschland ein stetiger wirtschaftlicher Aufschwung auf allen Gebieten. Dazu gehörte auch das wachsende Interesse der allmählich wieder zu bescheidenem Wohlstand gelangten Bevölkerung an »Lustfahrten« auf dem Wasser, die mit Beginn des Zeitalters der Dampfmaschine nun wesentlich problemloser zu bewerkstelligen waren.

Als erstes Dampfschiff auf der Elbe erschien 1816 via Helgoland, welches England 1814 Dänemark abgenommen hatte, die englische »Lady of the Lake«. Sein Eigner bekam von der Hansestadt die erste Konzession zum Betrieb einer »Dampfschiffsverbindung zwischen Hamburg und Cuxhaven.« Das nur 20 Meter lange Schiffchen, ein Raddampfer, erweckte zwar allenthalben großes Interesse, nur die Fahrgäste blieben aus, so daß die Linie zum Ende des ersten Sommers wieder aufgegeben werden mußte.

Nach Gründung des Seebades in Cuxhaven im Jahre 1816 durch Amtmann Amandus Abendroth, eröffnete 1826 J.A. Siemens das Seebad in Helgoland. Die schnell wachsende Beliebtheit des Helgoländer Bades bewog schließlich die auf der Route Amsterdam-Hamburg fahrende Amsterdamsche-Stoombootmaatschappij eine Bäderlinie Hamburg-Helgoland zu eröffnen, die von 1829–35 mit dem Raddampfer »De Beurs van Amsterdam« betrieben wurde. Ab 1833 schließlich begannen Hamburger Reeder mit den Raddampfern »Elbe« (1843), »Patriot« (1863) und »Henriette« (1844) das Geschäft in die Hand zu nehmen. Die neue Bäderdampferserie hatte schon eine Länge von 35 Metern und war recht komfortabel eingerichtet. Die Schiffe gehörten der Hamburger-Dampfschiffahrt-Compagnie und liefen in der obigen Reihenfolge bis 1864, 1854 und 1867 auf der Bäderroute.

Bis 1886 folgte neben verschiedenen Einzelschiffen und -firmen, die sich in der Bäderfahrt betätigten, die für Cuxhaven wichtige Gründung der »Cuxhavener-Dampfschiffahrts AG« (1869–90), die mit ihrem D. »Patriot III« bis 1889 fuhr. 1890 ging Helgoland im Tausch gegen Sansibar in den Besitz des Deutschen Reiches über und nun begannen sich auch die Großreeder für den Bäderdienst zu interessieren.

1889 war »Ballins Dampfschiffs Rhederei« gegründet worden, die 1897 in die »Nordsee-Linie Dampfschiffsgesellschaft mbH« und 1904 in den HAPAG-Seebäderdienst überging. Damit hatte die HAPAG das Monopol im Bäderdienst.

Die ab 1896 eingesetzten großen Bäderschiffe trugen Namen, die noch heute bekannt sind: »Ariadne« (1890–95), »Prinzessin Heinrich« (1896–1922), »Cobra« (1890–1921), »Willkommen« (1900–24) und »Kehrwieder« (1901 bis 1914) usw. Zwischen den Kriegen waren es: »Kaiser« (1906–39), »Cobra II« (1926–39), »Königin Luise II.« (1934–39). 1939 wurde noch das letzte Schiff der Bäderserie, das Diesel-Elektro-Schiff M.S. »Helgoland«, 2947 BRT, in Dienst gestellt.

Nach dem 2. Weltkrieg begann der Helgolandverkehr naturgemäß erst wieder nach der Freigabe der Insel im Jahre 1952. Im gleichen Jahr verzichtete die HAPAG auf den Bäderdienst zugunsten der HADAG Hamburg. Nach dem Anfang mit älteren Schiffen aus der Unterelbe-Fahrt, kamen die bekannten Neubauten »Bunte Kuh« (1957–62), »Wappen von Hamburg« (1955–60), »Wappen von Hamburg I« die spätere »Alte Liebe« (1962–64) und ab 1966) und »Wappen von Hamburg II« seit 1965.

1952 begann auch die Reederei Cassen Eils Cuxhaven den Helgolanddienst. 1952–55 mit MS »Rudolf«, 1956–1970 »Atlantis« und seit 1961 »Seute Deern« und zweitweise »Funny Girl« und »Fair Lady«. Während die HADAG den Saisonverkehr bestreitet, fährt C. Eils während der übrigen Jahreszeit.

Der Bäderdienst wurde in Cuxhaven von dem 1890 an der Ostseite des Alten Hafens erbauten Hafenbahnhof abgewickelt. Mit der Inbetriebnahme des Neuen Hafens 1896 auch vom westlichen Hafenkopf, der Neuen Liebe. Die eigentliche Seebäderbrücke zwischen Altem Hafen und Fischereihafen konnte 1904 eingeweiht werden. Von hier und vom Hafenbahnhof aus fand dann in der Folgezeit der Bäderverkehr statt, bis die Brücke nach dem 2. Weltkrieg allmählich altersschwach wurde und die Schiffe an der Alten Liebe anlegen mußten. Seit 1972 ist nun die Neue Seebäderbrücke im Fährhafenbereich Anlaufplatz der Helgolandschiffe der HADAG in der Sommersaison. In der übrigen Zeit des Jahres fährt C. Eils mit seinen Schiffen von der Westseite des Alten Hafens und von dort auch W. Schaal mit M.S. »Nige Ooge« nach Neuwerk.

Bedarf nach einer Schiffahrtslinie zum anderen Elbufer, nach Schleswig-Holstein, entstand erst allmählich nach der Eröffnung des Nord-Ostsee-Kanals im Jahre 1895/1896.

Das erste Schiff auf dieser Strecke war 1904 D. »Seebär«, von dem die Chronik nichts weiter berichtet, als diese Tatsache. Anscheinend sind die Fahrten stillschweigend wieder eingestellt worden, denn 1907 bereits ergriffen die Cuxhavener Seelotsen die Initiative. Nach beendetem Dienst mußten sie wieder von Brunsbüttel nach Cuxhaven zurück und waren so am meisten an einer zuverlässigen Verbindung zum anderen Elbufer interessiert. Zusammen mit Cuxhavener Geschäftsleuten gründeten sie 1907 die Cuxhaven-Brunsbüttel-Dampfer AG und eröffneten mit D. »Seeschwalbe«, der umgebauten Jacht des Großherzogs von Oldenburg, die Schiffsverbindung nach Brunsbüttel.

Es folgten die Neubauten »Seelotse« 1908, und »Seestern« 1914. Der Kriegsausbruch beendete jedoch sehr schnell die so gut angelaufene Unternehmung. – Die gesamtwirtschaftlichen Schwierigkeiten nach dem Kriege verhinderten einen Neubeginn der Linie. Die schwierigen Zeiten überbrückte eine originelle Cuxhavener Unternehmerin, Greten Handorf. Sie setzte auf der Strecke den Fischkutter ihres invaliden Mannes ein und konnte schon 1927 den Lloydschlepper »Mercur« dazukaufen und für den Passagierverkehr umbauen.

Das Schiff fuhr, bis Frau Handorf 1938 ihre Rechte an den preußischen Staat abtrat. Dieser setzte nun auf der Brunsbüttelroute den Neubau M.S. »Preußen« ein. Wieder bereitete der Krieg der Weiterentwicklung ein Ende. Nach vergeblichen Alleinversuchen der inzwischen in M.S. »Niedersachsen« umbenannten »Preußen« unter der Regie der HADAG, begann 1952 die von der Oder gekommene Greifenhagener-Dampfschiffs-Ges. Greifenhagen/Stettin, jetzt als Greifen-Reederei mit ihrem M.S. »Hansa« und der gecharterten »Niedersachsen« einen neuen Versuch, der 1957 mit dem Verkauf der »Hansa« und der Stillegung der »Niedersachsen« endete.

Die abgebrochene Verbindung wurde von den Cuxhavener Seelotsen aufgenommen. Sie gründeten 1957 die Fährschiff »Seelotse« GmbH und begannen mit dem ehemaligen Torpedofangboot »Seelotse II« und der instandgesetzten »Niedersachsen« erneut die Cuxhaven-Brunsbüttel-Verbindung. Die Unternehmung ließ sich gut an. 1960 konnte der Neubau »Wiking« und 1967 die nach modernen Erfordernissen umgebaute »Niedersachsen« eingesetzt werden.

1968 schließlich, wurden auf Drängen der gewerblichen Wirtschaft beiderseits der Elbe zwei Neubauten für den Schwerlastverkehr in Auftrag gegeben. Am 1. Mai 1969 kamen M.S. »Niedersachsen« der inzwischen in Fähr- und Schiffahrtsgesellschaft umbenannten Reederei und M.S. »Schleswig-Holstein« der in Brunsbüttel neu gegründeten Reederei »Grüne Küstenstraße« in Fahrt. Beide Schiffe halten auch heute noch von modernen Landeanlagen im Cuxhavener Fährhafen und von Brunsbüttel-Zweidorf aus die Verbindung zwischen Niedersachsen und Schleswig-Holstein aufrecht.

DAMPFSCHIFF CUXHAFEN

Der Raddampfer »Cuxhaven« am Hafenbahnhof. Erbaut 1864 in Greenock als »Mary & Ella«. Bis 1890 im Helgoland-Verkehr.

Die Bäderschiffe »Kehrwieder« und »Willkommen« der HAPAG 1905 an der Neuen Liebe – dem Westlichen Hafenkopf. Links das Restaurant Seestern. Es mußte schon 1912 dem Bau des Steubenhöfts weichen.

D. »Seelotse« der Cuxhaven-Brunsbüttel Dampfer AG. Cuxhaven, 150 BRT, in Osten an der Oste im Jahre 1910. Das Schiff wurde 1908 von Janssen & Schmilinsky in Hamburg gebaut. Es hatte ein zähes Leben. Die letzten Jahre fuhr es als Viehtransporter »Flamingo« bis zum Verkauf an die Abwrackwerft Ende 1978.

Unten der Rauchsalon des Bäderdampfers »Prinzessin Heinrich« der Nordsee-Linie. 1896 erbaut bei Blohm & Voß, hatte die »Prinzessin« 930 BRT und wurde 1923 abgebrochen.

»De Beurs van Amsterdam«, Zeichnung von Cornelius und Peter Suhr, Hamburg. Das holländische Schiff, hier auf seiner ersten Fahrt von Hamburg nach Helgoland, am 1. Juli 1829.

Unbekannte Galionsfigur aus der Schiffahrtsabteilung des Cuxhavener Museums.

Karte der Insel Helgoland, 1769, C.M. Wohlers

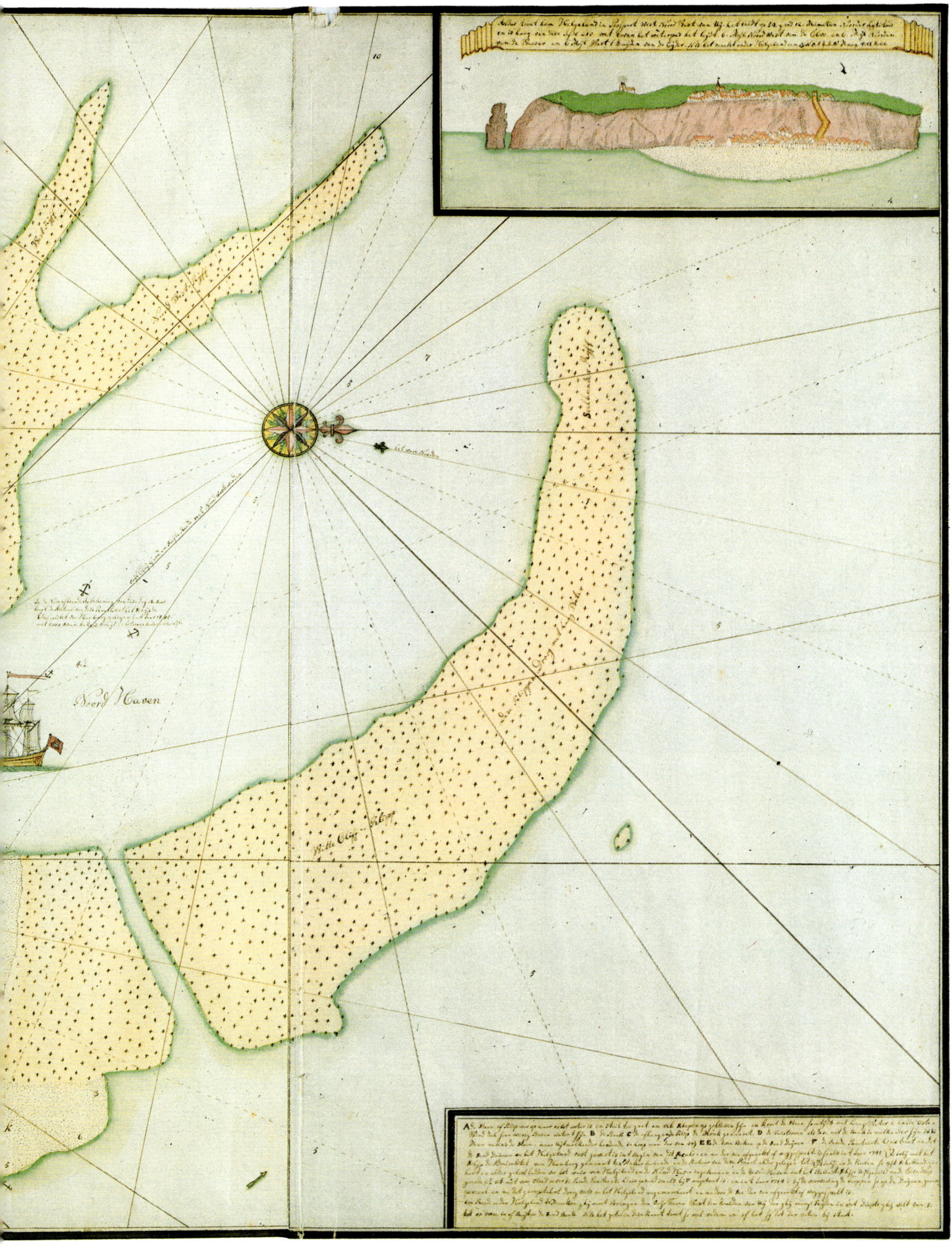
Noord Haven

M.S. »Wappen von Hamburg«, der HADAG, 1962 beim Anlaufen der Alten Liebe. Erbaut bei Blohm & Voß, 3819 BRT, kam das Schiff nach einigen Irrfahrten 1966 an die Elbe zurück und fährt seitdem als »Alte Liebe« im Sommer wieder im Helgolanddienst.

M.S. »Niedersachsen« der Elbe-Fähre Betriebsgesellschaft, Baujahr 1969, Mützelfeldt-Werft, fährt zusammen mit dem Schwesternschiff »Schleswig-Holstein« auf der Cuxhaven-Brunsbüttel-Route.

T.S. »Königin Luise«, 1912/13 beim Stettiner Vulcan gebaut, fuhr bis zum 1. Weltkrieg Hamburg-Helgoland und ging im Dienste der Kaiserlichen Marine als Minenleger verloren.

Greten Handorf, Cuxhavener Original der zwanziger und dreißiger Jahre und Inhaberin der Fährkonzession Cuxhaven-Brunsbüttel in dieser Zeit, hier mit ihrem »Dienstwagen« vor der Fahrstuhlanlage am Brunsbüttelhöft.

Die zweite »Königin Luise« der HAPAG, 1934 bei den Howaldtswerken in Hamburg gebaut, 2400 BRT. Das Motorschiff, im 2. Weltkrieg ebenfalls als Minenleger eingesetzt, ging 1941 nach Minentreffer vor Finnland unter.

M.S. „Jan Molsen", in den dreißiger Jahren allseits beliebter Gast im Cuxhavener Hafen.

MS. »Niedersachsen« und MS. »Seelotse« der – Fährschiff »Seelotse« GmbH – vor dem Neubeginn der Fährverbindung nach Brunsbüttel, bei der Grundüberholung an der Alten Hafenkaje.

Unten der Neubau der Gesellschaft, M.S. »Wiking«, erbaut 1959 bei H. Peters Wewelsfleth. Rechts im Bilde die 1966 umgebaute »Niedersachsen«.

Die Cuxhavener Seelotsen

Mit der Einrichtung eines kleinen Schutzhafens in der »Ritzebütteler Aue« (Cuxhavener Schleusenpriel) im ausgehenden 16. bis Anfang des 17. Jahrhunderts, begann Hamburg durch eidliche Verpflichtung und Bereitstellung entsprechenden Siedlungslandes, zum Lotsendienst geeignete Seeleute nach dort zu holen. Um 1610 waren dies Neuwerker Fischer, die nach Cuxhaven-Ritzebüttel zogen und neben ihrem »Piloten-Amt« auch den kleinen Hafen und die Elbbetonnung zu betreuen hatten. Anfangs als selbstständige Unternehmer mit eigenem »Piloten-Schiff«, die, je nach Bedarf, einzelne Hilfsleute für den Lotsendienst annahmen.

Nach der ersten Reglementierung des Lotsendienstes durch ein hamburgisches Mandat im Jahre 1639, wurde dieser nach dem Dreißigjährigen Kriege mit der Pilotageordnung von 1656 nach holländischem Muster und mit staatseigenen »Piloten-Schiffen« (Galioten) so eingerichtet, wie er etwa bis zum Ausgang des 19. Jahrhunderts betrieben wurde: Zwei »Große Galioten« lösten sich bei der »Kreuze« in der Elbmündung ab und eine »Kleine Galiot« sorgte für die Betonnung und die Auslotung des Fahrwassers. Die Leitung des Lotwesens übernahm von 1656 bis zum Ende des 1. Weltkrieges ein zuerst dem Amtmann in Ritzebüttel, später der Hamburgischen Marineverwaltung direkt verantwortlicher Lots-Inspektor.

Nach der Franzosenzeit machten die mit aufblühendem Seehandel ständig steigenden Schiffszahlen und die größer werdenden Schiffe zusätzliche Anstrengungen im Lotsendienst erforderlich. Um die nach Hamburg bestimmte Schiffahrt schon weit vor der Mündung der Elbe mit Lotsen versehen zu können, wurden ab 1854 bis zum Weltkrieg neben den Galiotstationen bis zu sieben Lotsenschoner eingesetzt, die bis zur Höhe von Borkum den einkommenden Schiffen entgegenliefen.

Das Dampferzeitalter begann im Lotsbetrieb mit dem Einsatz des in England gebauten ersten Lotsendampfers, »Capitain Karpfanger«. Es folgten bis heute insgesamt 3 Serien von Lotsenschiffen, die seither aus dem Cuxhavener Hafenbild nicht mehr wegzudenken sind. Mit Tonnenlegern, Feuerschiffen, Vermessungsfahrzeugen und dem Tonnenhof, Zentrum der maritimen Aktivitäten im Alten Hafen.

Die Größe der Seelotsengruppe in Cuxhaven wuchs von 12 Admiralitätslotsen, wie sie im 19. Jahrhundert genannt wurden, auf maximal 135 Lotsenfamilien nach dem 2. Weltkrieg an. Die gravierendsten Änderungen im Lotsenberuf ergaben sich beim Übergang der Schiffahrt vom Segelschiff zum Dampfer, Mitte des 19. Jahrhunderts und durch die Einführung der Lotsenschoner. Um die Jahrhundertwende setzte eine Entwicklung von großer Tragweite ein, als durch die Änderung der Qualifikation zum Lotsenberuf nicht mehr die Position eines Kapitäns auf den Lotsenfahrzeugen die in der Schiffahrt erstrebte Spitzenstellung darstellte, sondern der Beruf des Seelotsen. Die meisten Veränderungen gab es bisher in diesem Jahrhundert. Nämlich mit dem Zusammenschluß der früheren Hamburgischen Staatslotsen zur Cuxhavener Lotsenschaft e.V. zu Anfang des Jahrhunderts und im 2. Weltkrieg mit dem Wechsel zur Lotsenbrüderschaft Cuxhaven.

Den bedeutendsten Einschnitt für Cuxhaven, als Mittelpunkt des Lotsenbetriebes in der Elbmündung, brachten schließlich die Konsequenzen aus dem 1954 erlassenen Lotsengesetz, mit dem Zusammenschluß der Lotsenbrüderschaften Cuxhaven und Hamburg zur Lotsenbrüderschaft Elbe und der damit verbundenen Verlagerung des Schwerpunktes des Lotseneinsatzes auf die andere Elbseite nach Brunsbüttel im Jahre 1957. In weniger als drei Jahren sank die Zahl der in Cuxhaven ansässigen aktiven Elbe-Seelotsen von 130 auf 40. Erst das Eindringen der Elektronik in den Lotsenberuf und der Beginn der Schiffsberatung von der Radarzentrale in Cuxhaven aus ab 1967, brachte für die Seelotsen in Cuxhaven neue Aufgaben und für eine beschränkte Zahl die Möglichkeit, Cuxhaven als Wohnort beizubehalten. Besonders, seit eine regelmäßige Fährverbindung über die Elbe unterhalten wird. Mit 55 aktivon Seelotsen bildet heute die Cuxhavener Lotsenschaft den Außenposten der großen Lotsenbrüderschaft Elbe in der Elbmündung.

Die letzte Neuerung im Lotsendienst ergab sich in den zurückliegenden 10 Jahren durch die Entwicklung der Supertanker und den Beginn des Container-Zeitalters in der Seeschiffahrt: Die Besetzung der Schiffe mit Lotsen schon im Englischen Kanal, oder vor Helgoland mittels Hubschrauber.

So haben die Entwicklungen in der Internationalen Schiffahrt auch stets, früher oder später, ihre Rückwirkungen auf den Lotsenstand gehabt. In über 350 Jahren aber, seit der ersten Ansiedlung am Ritzebütteler Schleusenpriel, sind die Cuxhavener Lotsen mit den Geschicken ihrer Heimatstadt verbunden und umgekehrt, ihre Sorgen auch die der Stadt gewesen. In all den Jahren waren Lotsen, ihre Fahrzeuge und mit ihnen die Hamburgische Marineverwaltung, das spätere Wasser- und Schiffahrtsamt und das Niedersächsische Hafenamt, wichtige Faktoren im Wirtschaftsleben dieses norddeutschen Raumes.

»Tschüs Loots«, Aquarell von Willy Stöwer, 1910.

Segelschiffe

Sie haben das mächtige Meer unterm Bauch
Und über sich Wolken und Sterne.
Sie lassen sich fahren vom himmlischen Hauch
Mit Herrenblick in die Ferne.

Sie schaukeln kokett in des Schicksals Hand
Wie trunkene Schmetterlinge.
Aber sie tragen von Land zu Land
Fürsorglich wertvolle Dinge.

Wie das im Winde liegt und sich wiegt,
Tauwebüberspannt durch die Wogen,
Da ist eine Kunst, die friedlich siegt,
Und ihr Fleiß ist nicht verlogen.

Es rauscht wie Freiheit. Es riecht wie Welt. –
Natur gewordene Planken
Sind Segelschiffe. – Ihr Anblick erhellt
Und weitet unsre Gedanken.

Joachim Ringelnatz

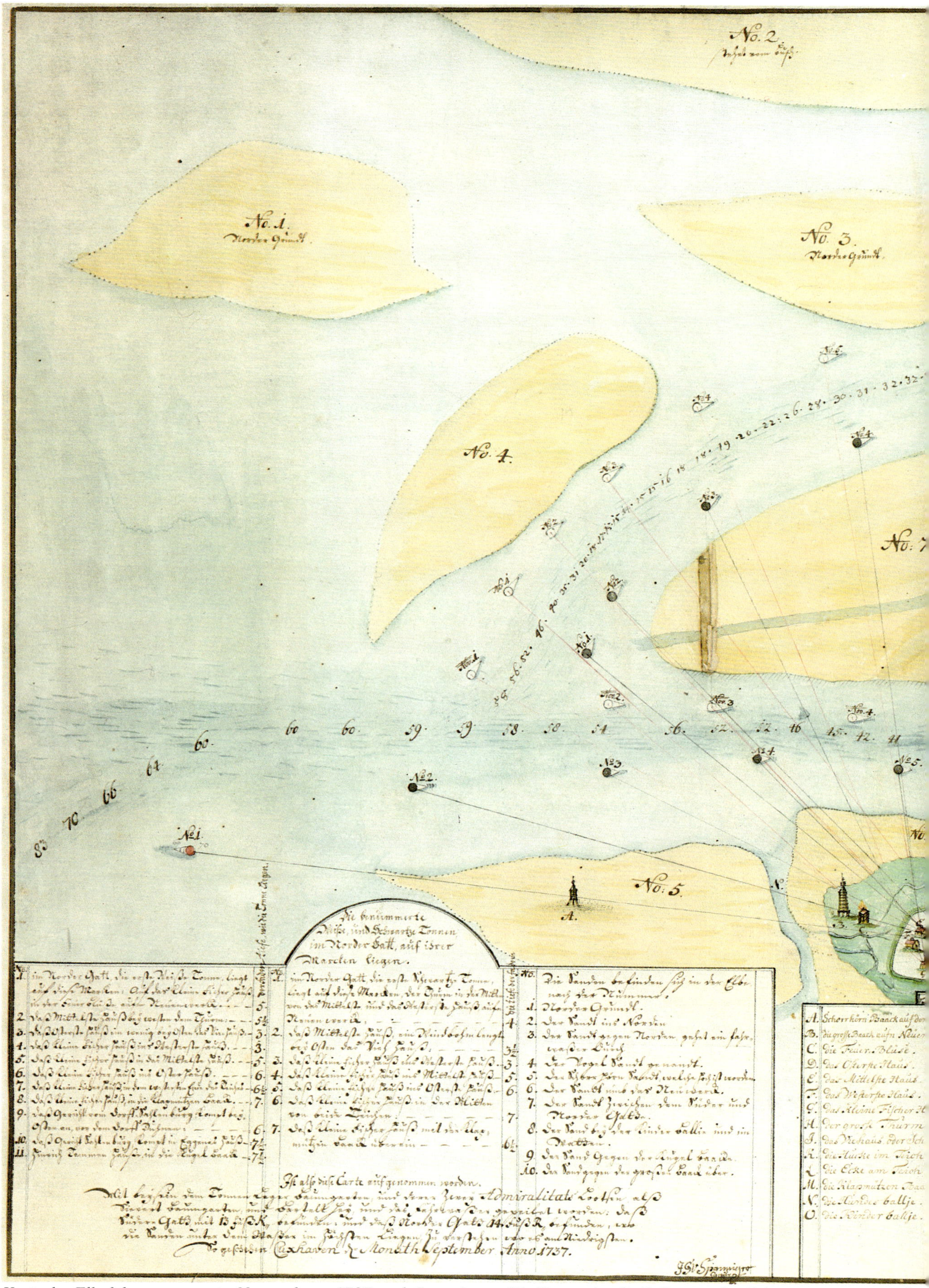

Karte des Elbefahrwassers unter Neuwerk von 1737 nach Spanninger. Die Karte zeigt die Peilungen der Fahrwassertonnen nach

Landmarken rund um den Mittelgrund (No. 7).

Das Lotsenversetzboot von der Station Elbe 2. Gemälde von Prof. H. Bohrdt.
Im Bild das 1845 erbaute Leuchtschiff »Caspar«. Es lag von 1879 bis 1905 auf Station Elbe 2.

Die Zeichnung aus dem vorigen Jahrhundert, ebenfalls von Professor Bohrdt, stellt die Versorgung der Feuerschiffs-Station Elbe 1 mit Proviant und Wasser durch die Lotsenjolle dar. Bei leicht bewegter See schon eine schwierige Unternehmung, mußte die Versorgungsfahrt bei Sturmwetterlagen häufig verschoben werden.

1876 Schiffe im Winterlager an der Alten-Hafen-Kaje und im Quarantänehafen.

Auf dem Bilde ist besonders gut das sogenannte »Schutzhöft« zu sehen. Es ist 1795/96 begonnen und in den folgenden 60 Jahren ständig erweitert, beziehungsweise verändert und verstärkt worden, bis daraus schließlich 1904 die Seebäderbrücke wurde. Der Quarantänehafen war 1876 noch an beiden Seiten offen. Man wollte absichtlich eine durch den Hafen laufende Strömung erhalten, um die Verschlickung zu verhindern.
Bis zum Beginn des Zeitalters der Dampfmaschine und dem Bau stählerner Schiffe, ruhte die Schiffahrt im Winter bei Eisgang völlig. Beim Auftreten des ersten Treibeises suchten die empfindlichen hölzernen Segler schleunigst den nächsten Schutzhafen auf.

Die Lotsentracht um 1885.
Das Bild links zeigt den Admiralitätslotsen Peter Kopp, 1847-1908, Lotse von 1880-1907

Die Lotsenjolle »Undine«, 1905 von See einlaufend in den Alten Hafen.
Die »Undine«, 1890 bei Stülcken in Hamburg gebaut, war bis 1915 im Lotsendienst. Links im Bild liegen an der Alten-Hafen-Kaje die Reededampfer »Grimmershörn« und »Alte Liebe«.

Decksbild aus dem Jahre 1908: Lotsen, Kapitän und Steuerleute des Lotsendampfers »Capitain Karpfanger«.

Lotsen und Besatzung des Feuerschiffes Elbe 2 »Caspar« 1879 beim Aussetzen des Rettungsbootes.
Bis zur Gründung der Deutschen Gesellschaft zur Rettung Schiffbrüchiger im Jahre 1865, halfen neben den Bergern allein Feuerschiffe und Lotsenfahrzeuge Schiffen in Seenot.

Das nach einer Nebelkollision 1933 bei Belum gesunkene Fracht- und Passagierschiff »Guildford-Castle«.

Unten die Besatzung des Feuerschiffes Elbe 2 »Bürgermeister Abendroth«, 1912. Das Schiff ging im 1. Weltkrieg bei Windau verloren.

Lotsenschoner Nr. 7 »Döse«, Kapitän Fahje, 1893 bei C.C.A. Dreyer Hamburg-Neuhof erbaut, ist das Schiff 1929 nach Aufgabe des Schonerdienstes an A. Rickmers Cuxhaven verkauft worden.

Empfang im Hafen –
Schoner Nr. 3 »Hamburg«, Kapt. Petersen.

Haus des Lotskapitäns Peter Hinrich Wendt, Ostseite Nr. 12
P. H. Wendt, geb. 21. 8. 1838, Lotse und Lotskapitän 1871–1890

Der zum Kriegsdienst eingezogene Lotsendampfer »Simon von Utrecht«, Baujahr 1898, mit seiner Besatzung.

Lotsendampfer »Simon von Utrecht II«, Baujahr 1926, Heimkehr von der Versetzstation bei Elbe 1, 1930.

Die Schoner Nr. 7 »Döse« und Nr. 1 »Cuxhaven« 1910 in der Elbmündung beim Auslaufen zu den Nordseestationen.

Lotsenschoner Nr. 1 »Cuxhaven«, erbaut 1900/01 bei H. Peters Wewelsfleth. Die Abbildung zeigt das Schiff im Jahre 1921, ausgerüstet mit FT-Anlage für den Übersee-Dienst im Englischen Kanal. Als einziges in der Bundesrepublik erhaltenes Schiff der Cuxhavener Schonerflotte, fährt es heute als Jacht »Atalanta«.

Lotsenkapitän A.A. Fahje, 1892 bis 1929 im Dienst als Lotse, Steuermann und Kapitän. Hier in der Kapitänsuniform der Hamburgischen Marineverwaltung 1913.

Unten das hölzerne Feuerschiff »Gustav-Heinrich« und die letzte Cuxhavener Lotsgaliot »Secretair Hargreaves«, 1928 ausgemustert zum abwracken.

»Gustav Heinrich«, 1879 bei Stülcken in Hamburg gebaut, 1879-1912 als aktives Feuerschiff in Betrieb. Danach Reserve.

»Secretair Hargreaves», erbaut 1892 bei C.C.H. Dreyer, Hamburg-Neuhof. Bis 1905 im Lotsendienst, danach Reservefeuerschiff.

Eisbrecher D. »Stettin« der Wasser- und Schiffahrtdirektion Hamburg, im Eiswinter 1955/56 vor der Alten Liebe.

Unten zwei der heutigen Lotsenschiffe der Elbe, »Kommodore Ruser« und »Kapitän Hilgendorf«, 1976 bei der Ablösung auf der Seestation.

Das 1923/24 von der Bugsier-Reederei gebaute Lotsenhaus am Leuchturmweg. Im Parterre die Büroräume der Schiffsmaklerfirma Peter Hein.

Auf dem unteren Bild die moderne Methode des Lotsenversetzens mit Hubschrauber. Große Tanker und Bulk-Carrier für den Jade/Weser/Elbe-Bereich bestimmt, können heute den Lotsen per Hubschrauber bei »Deutsche-Bucht-Feuerschiff« erhalten, sofern sie den Sicherheitsbedingungen für den Landeanflug entsprechen.

Ketsch »Hansea« Kapitän H. J. Buss – 1925.

Neben den Fischereiflotten waren im Laufe der Zeit zahlreiche Handelsschiffe und Reeder in Cuxhaven zu Hause. »Hansea«, »Lore Ottens« und »Cuxhaven« vertreten drei Zeitabschnitte in der Entwicklung der Seeschiffahrt von Cuxhaven.

Dampfer »Lore Ottens«, Reederei Ewald Ottens – 1956

M.S. »Cuxhaven«, H. R. Numssen K.G. – 1980

Die Seefahrtschule Cuxhaven, – der 1960 fertigestellte Neubau am Seedeich. Die Ausbildung für die Seefahrt in Cuxhaven kann auf eine über 150-jährige Geschichte zurückblicken. Eine Seefahrtschule gibt es hier seit 1928.

Hier die ersten Fischhallen (I + II) 1907 im Bau und 1908 fertiggestellt. An der Kaimauer liegt Fischdampfer »Senator Sthamer«.
Der „Netzboden“ 1925. Vorbereitung der Fanggeräte für die neue Reise.

Kriegsveteranen aufgelegt im Alten Fischereihafen im Winter 1953. Die alten »Kohlenbrenner« sind zu Anfang der fünfziger Jahre außer Dienst gestellt worden.

Cuxhavener und Finkenwerder Hochseekutter an der Hafenkaje 1948.

Ein Schiff der letzten Serie der großen Fangfabrikschiffe NC 100 »Mainz« 3 200 BRT.

Unten ein Blick in den Ostteil des Neuen Fischereihafens mit Reedereizentrale und Reparaturbetrieb der »Nordsee«. Rechts im Bild der Betrieb »Seeadler« und Halle XI.

1960 ein Blick von Nordosten in den Alten Fischereihafen. Auf der gegenüberliegenden Hafenseite steht noch das später abgerissene Eiswerk.

Den Platz der Hochseekutter im Alten Hafen haben heute die Krabbenfänger eingenommen. – Hier eine Aufnahme vom alljährlichen Krabbenfischertag.

Fischereischutzboote. »Poseidon« und »Meerkatze« am Tag des Hochseefischers vor dem Steubenhöft am 5. Juli 1959.

Fischverarbeitungsbetrieb »Seeadler« am Niedersachsenkai.

Neuer Fischereihafen – Blick auf die Kaianlagen der »Nordsee« Deutsche Hochseefischerei GbmH 1960. Hinter den Seitenfängern einer der ersten Heckfänger.

Blick auf den Alten Fischereihafen 1980.

Die 1978 in Dienst gestellte »Meerkatze II« und Forschungsschiff »Komet« am Heringskai.

Die Aufnahmen zeigen den Weg des frischen Seefisches vom Fangschiff zur Auktion.

Stiefelputzen unter Deck. – Kreidezeichnung von Carlos Grethe.

Die Marine in Cuxhaven

Zum ersten Mal ein Flottenverband in Cuxhaven! – Das war in der Mitte des 18. Jahrhunderts. Genauer gesagt 1756 ankerten 45 britische Schiffe auf Cuxhaven-Reede mit 8000 Mann hessischer Truppen, die in Stade an Bord genommen, worden waren. Hier sollte Wetterbesserung abgewartet werden. Für Cuxhaven hatte das zur Folge, daß durch den unerwarteten Besuch schnell die Lebensmittel knapp und teuer wurden.

Im Verlaufe der englisch-französischen Kolonialkriege holte England in erheblicher Zahl hannöversche und hessische Soldaten von der Elbe und der Weser ab zum Transport zu den britischen Inseln und nach Amerika.

Ein 1757 zurückkehrendes Expeditionskorps landete direkt in Cuxhaven. Soldaten, Pferde und Material wurden mit Booten im Alten Hafen an Land gesetzt.

Während der französischen Besetzung von 1804 bis 1814 stand Cuxhaven im Mittelpunkt der maritimen Interessen Napoleons in der Elbmündung. Zahlreiche Projekte befanden sich in der Planung. Sie umfaßten sowohl Festungs- und Kanalbauten als auch den Bau eines eigenen Kriegshafens. Verwirklicht werden konnte wenig. Gebaut haben die Franzosen eine ganze Anzahl Verteidigungsanlagen. Im Cuxhavener Bereich waren es die Forts Balise bei der Kugelbake, du Phare bei der Alten Liebe und Napoleon in der Nähe des Osterhörner Stacks. Der Hafenausbau in Cuxhaven und der Neubau eines Kriegshafens im Bereich Altenbruch, waren erst 1813, also kurz vor dem Ende der Besatzungszeit in der Planung und kamen daher nicht mehr zur Ausführung. Die Vorarbeiten zu den französischen maritimen Projekten hinterließen uns die erste nach vermessungstechnischer Methodik hergestellte Elbkarte über den Bereich von See bis Steindeich; die Wassertiefen schon durchaus modern durch Reihenlotungen erfaßt. Die Leitung der Vorarbeiten für den Wasserbau hatte der berühmte Pariser Hydrograph Beautemps-Beaupré.

Die Bestrebungen zur Gründung des Deutschen Bundes im Jahre 1848 und der Frankfurter Beschluß zur Aufstellung einer Reichsmarine, weckten in Cuxhaven berechtigte Hoffnungen Heimathafen für die neue Marine zu werden. Wasserbau-Inspektor Hübbe war mit Unterstützung des Senats längere Zeit in Frankfurt und legte dort der Nationalversammlung detaillierte Pläne für einen Kriegshafen bei Steinmarne vor. Zum Jahresende 1848 berichtete Hübbe resignierend, daß die Entscheidung »hinter den Kulissen« schon gefallen sei. Man war entschlossen, den Flottenstützpunkt an der Weser einzurichten.

Die deutsche Bundesflotte war einmal im Juni 1849 nach dem Seegefecht bei Helgoland in Cuxhaven zu Gast, als sie, von den Dänen bedrängt, in der Elbmündung Schutz suchte.

Diese Unternehmung und die anschließende nächtliche Rückführung nach Bremerhaven, blieben die erste und auch die letzte Seefahrt der mit so großem Enthusiasmus gegründeten Marine. Zum Bedauern aller Patrioten mußte 1852 die Auflösung durchgeführt werden.

Vor der endgültigen Wahl Wilhelmshavens als Flottenbasis der kaiserlichen Marine, war Cuxhaven noch einmal im Gespräch. Doch die Bedrohung der Elbe durch Dänemark, die Elbe- und Weserblockade durch die dänische Flotte 1848 war noch in frischer Erinnerung, brachte die Entscheidung für Wilhelmshaven. 1864 benutzte das österreichische Nordseegeschwader, vorerst bestehend aus den Fregatten »Schwarzenberg« und »Radetzki«, Cuxhaven als Basis. Die Chronik berichtet, »großstädtische Lebensart zog ein während des Flottenbesuches« und die Stadt war stolz, einen leibhaftigen Admiral, Wilhelm von Tegetthoff, in ihren Mauern beherbergen zu dürfen. –

Unterstützt von zwei preußischen Kanonenbooten lief der Verband am 9. Mai 1864 aus, um die Elbblockade der Dänen zu beenden. Er traf bei Helgoland auf die dänischen Schiffe und kehrte nach unentschiedenem Gefecht nach Cuxhaven zurück, um hier die nicht unerheblichen Schäden auszubessern und 38 Gefallene auf dem Ritzebütteler Friedhof zu beerdigen.

Das später durch das Linienschiff »Kaiser«, eine weitere Fregatte und eine Korvette komplettierte Geschwader, kehrte nach dem Friedensschluß am 1. September 1864 wieder zurück in die heimischen Gewässer.

Die einzige örtliche militärische Einheit in Cuxhaven war von 1815 bis 1868 das 10. Infant. Regmt. des Hamburger Bürgermilitärs, das im Krisenfalle durch die militärpflichtigen hiesigen Bürger zwischen 20 und 45 Jahren aufgefüllt wurde.

Es hatte die Schloß- und Hafenwache, die Quarantänebatterie und die 1849 errichtete Südbatterie am Grodener Deich zu besetzen.

Nachdem 1870 infolge der Bedrohung durch die französische Elbblockade eine Strandbatterie bei der Kugelbake eingerichtet worden war, baute das Reich Cuxhaven bis 1908 systematisch zur Seefestung aus: 1872–74 Fort Kugelbake, 1875–1880 Fort Grimmershörn, 1903–04 die Außendeichsbatterie am Steinmarner Strand und 1905–08 Fort Thomsen.

Die Gründung der Marinegarnison fällt in das Jahr 1893. Aus der 3. Marine.-Art.-Abtlg. Lehe wurde die 4. Mar.-Art.-Abtlg. Cuxhaven gebildet, die 1893 in die hölzerne Seedeichskaserne einzog. 1905 kam die Minenabteilung mit kleinen Torpedobooten nach Cuxhaven und 1906 die Stammabteilung der MAA. Kiautschou. Diese bildete jedes Jahr 300 Rekruten für Tsingtau aus und war mit der Stammabteilung des 3. Seebataillons Kiautschou in der Kaserne gleichen Namens (Gorch Fock-Schule) untergebracht.

1910 verstärkte die »Wasserkompanie« (Ausbildungseinheit der Besatzungen für Minenleger und Minenprähme) als 5. Kp. die 4. MAA. – Nicht zu vergessen ist das 1895 ebenfalls nach Cuxhaven verlegte Musikkorps der 4. MAA., das ab 1902 bis Kriegsausbruch als Kurkapelle des Seebades fungierte.

Die Minenschiffe »Pelikan«, »Nautilus« und später »Albatross« erhielten Cuxhaven als Heimathafen und mit der so ständig gewachsenen Marine-Garnison wurde letztere im Laufe der Zeit zu einem wesentlichen Wirtschaftsfaktor der Stadt. 1913 waren von 17640 Einwohnern 4820 (27,3 %) Soldaten.

1914 kam schließlich die Marine-Luftschiff-Abtlg. Nordholz nach Cuxhaven, die auf ihrem Platz in sieben Hallen bis zu zehn Marineluftschiffe zu versorgen hatte. Nachdem zu Anfang des Krieges auch noch fast die gesamte Fischdampferflotte zum Vorpostendienst eingezogen worden war, hatte das militärische Potential erhebliches Übergewicht erreicht. Aber gerade die nach dem Krieg wieder reaktivierte Fischdampferflotte und ihr schneller weiterer Ausbau, zusammen mit dem Wiederaufbau der nationalen Handelsschiffahrt, hat das Schrumpfen der Marinegarnison auf ein Sechstel des Vorkriegsstandes für die Cuxhavener Wirtschaft nicht so fühlbar gemacht, wie das in anderen Marinestädten der Fall war.

1919 begann bereits wieder der Aufbau der Marinegarnison. Die Küstenwehrabteilung 3 aus Lehe verlegte nach Cuxhaven. Aus ihr wurde die 4. Küstenwehrabteilung gebildet, aus der schließlich die 4. Marine-Artillerie-Abteilung wiedererstand.

Die alten Küstenbefestigungen, nach dem 1. Weltkrieg kaum abgerüstet, wurden 1926 wieder besetzt und waren Ende der zwanziger Jahre die stärksten deutschen Befestigungsanlagen.

Der Anteil der Marineangehörigen und ihrer Familien an der Cuxhavener Bevölkerung betrug 1925 wieder 9 %.

1936 bereitete man den Hafen für die Aufnahme schwimmender Marineverbände vor. Der Ausbau des Ostteils des Amerika-Hafens mit den entsprechenden Pieranlagen und Kasernen, konnte 1938 abgeschlossen werden und am 1.4.1938 bezog die 2. Minensuch-Flottille die neuen Liegeplätze. Es folgte der Aufbau der 2. Geleitflottille und ab 1939 der 2. Räumbootflottille mit Begleitschiff »Brommy«.

Der Kriegsbeginn brachte wiederum die Umrüstung von Fischdampfern und Kuttern zu Vorpostenbooten. Damit blieb Cuxhaven während des ganzen Krieges Stützpunkt der Geleit-, Minenräum- und Vorpostenverbände. Außerdem war hier ein häufiger Liegeplatz der Sperrbrecher und die B.O.-Zentrale (Begleitoffiziere für Handelsschiffe), zusammen mit Altenbruch-Reede Sammelplatz und Ausgangspunkt der Geleitzüge für den Nordsee-Küstenverkehr.

Nach Ende des Krieges folgte diesmal die totale Abrüstung und teilweise Sprengung der Anlagen der Küstenverteidigung. Die Minenräumverbände blieben Cuxhaven vorerst noch erhalten als GEMSA (German minesweeping association) unter britischer Aufsicht, aber mit deutschem Marinepersonal, um die durch unzählige Magnetminen gesperrten Küstengewässer wieder gefahrlos passierbar zu machen.

Nach der Gründung der Bundesmarine verließ am 28. Mai 1957 die Royal Navy Cuxhaven und Admiral Ruge unterstellte die Ende 1957 aufgestellten Bootsgeschwader dem Oberbefehl der NATO. Im Jahre 1963 (26.4.) übernahm die Bundeswehr den

Marinefliegerhorst Nordholz und es folgte in den nächsten Jahren die Aufstellung des Marineflieger-Geschwaders 3, zuerst ausgerüstet mit den Flugzeugen vom Typ »Gannet« und später mit den Fernaufklärern der deutsch-französischen Gemeinschaftsproduktion »Bréguet-Atlantic«.

Gleichfalls 1963 wurde Cuxhaven Heimathafen für das aus den Fregatten »Köln«, »Emden«, »Augsburg«, »Karlsruhe«, »Lübeck«, und »Braunschweig« neu gebildete Geleitgeschwader. Allerdings nur für knappe 5 Jahre, denn am 3.1.1968 zogen alle schwimmenden Einheiten um nach Wilhelmshaven. Dafür kam am 10. 6. 1968 der Stab der Versorgungsflottille mit Versorger »Freiburg« nach Cuxhaven. Am 1.10.1969 wurde der Marinestützpunkt Cuxhaven aufgelöst und seitdem nur noch eine Außenstelle des Stützpunktes Wilhelmshaven hier weitergeführt.

Seit über hundert Jahren war die Marine ein wesentlicher Wirtschaftsfaktor im Leben der Stadt Cuxhaven. Wenn auch die Schiffe der »Grauen-Dampfer-Kompagnie« nicht immer hier beheimatet waren, so erschienen sie doch als ständige Gäste im hiesigen Hafen und haben mit das Bild der Stadt geprägt.

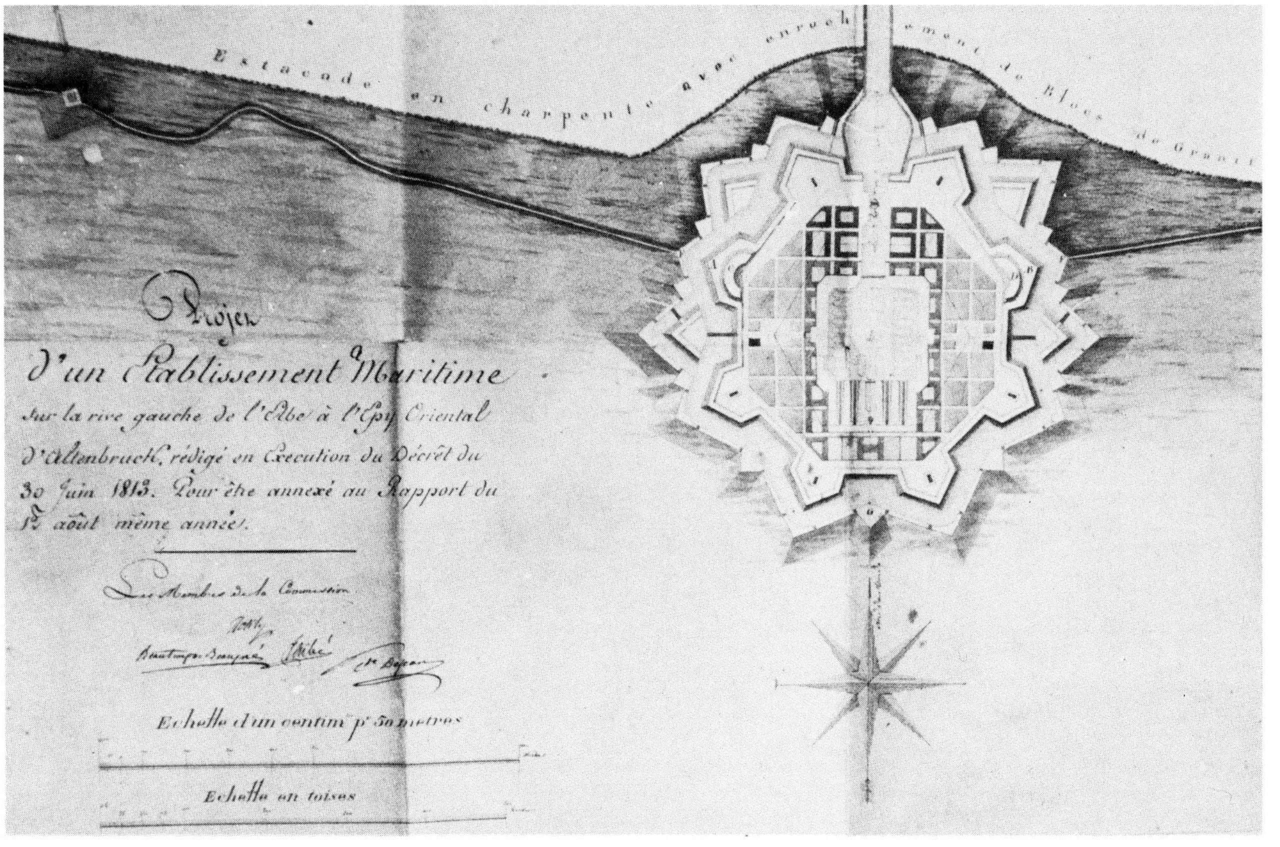

Das französische Projekt eines Festungshafens bei Altenbruch 1813.

Schraubenfregatte »Elisabeth« der preußischen Marine 1865.

Die oben abgebildete Grodener Schanze wurde im Frühjahr 1849 zum Schutze gegen dänische Übergriffe im Schleswig-Holsteinischen Krieg angelegt. Sie war verhältnismäßig einfach, aus Erdwällen und Pallisaden gebaut und mit je drei 84- und 34-Pfündern bestückt. Nach dem Friedensschluß 1859 geräumt, hat man sie 1864 zusammen mit der Osterhörner Schanze noch einmal wieder hergerichtet. 1912 beim Bau des Amerika-Hafens verschwand sie dann endgültig.

Die links abgebildete Fregatte »Schwarzenberg« (oben) und das Linienschiff »Kaiser« gehörten beide zum österreichischen Nordseegeschwader des Freiherrn von Wüllersdorf, das im Schleswig-Holsteinischen Krieg die norddeutsche Küste von der dänischen Blockade befreien sollte. Während die Fregatten »Schwarzenberg« und »Radetzky« unter Tegetthoff vorausgeschickt wurden, kam »Kaiser« erst nach dem Gefecht bei Helgoland in Cuxhaven an.

Decksansichten der Fregatte »Schwarzenberg«, aufgenommen während des Aufenthaltes in Cuxhaven 1864.

Erich von Lehe, der als 10jähriger Junge das Schiff nach dem Seegefecht besichtigte, schreibt darüber:
»Die Elbe mit den stolzen Kriegsschiffen in nicht großer Entfernung gewährte bei dem schönen Wetter einen prächtigen Anblick. Vorne ankerte die Fregatte ›Schwarzenberg‹. Man konnte ihr von hier trotz des fehlenden Vormastes kaum ansehen, daß sie gestern einen so harten Strauß ausgefochten hatte. Die Löcher in der Schiffswand sah man von hier ja nicht. –
Dann kam die Fregatte ›Radetzky‹ und etwas zurück die drei preußischen Kanonenboote. Ein Ruderboot, das etwa 10 Personen fassen konnte brachte uns an das Kriegsschiff. Da das Wasser ganz schlicht war, wurde der Aufstieg nicht schwierig, obgleich die Schiffswand mit ihren Stückpforten hoch aus dem Wasser emporragte.
In der hölzernen Schiffswand, die 1 Fuß dick sein mochte, sah man die Löcher, die von den Kanonenkugeln der Dänen gemacht worden waren. Einige Kugeln, die nicht mehr die volle Kraft gehabt hatten, waren zurückgefallen, nachdem sie ein Loch von 4 - 5 Zoll geschlagen hatten. Die Dänen hatten mit Vollkugeln geschossen, die ein Gewicht von 30 Pfund haben mochten.
Ein bei der Aufgangsstelle postierter Soldat empfing uns und sagte, daß wir uns das Oberdeck besehen könnten, nach unten zu gehen könne nicht erlaubt werden.
Wir wurden herumgeführt von einem deutsch sprechenden Unteroffizier. Die Matrosen, wurde uns gesagt, seien fast

alle Dalmatier und Italiener, die Seesoldaten (Marine-Infanterie) Deutsche. Diese Seesoldaten schienen mir eine Art von Polizeitruppe auf den österreichischen Schiffen zu sein. Das Oberdeck war umgeben von einer Bordwand (Brustwehr) von etwa 1 Fuß Dicke und 4 Fuß Höhe. 8 kleinere Kanonen hatten ihren Stand auf diesem Oberdeck. Die anderen Kanonen befanden sich in der Batterie im Zwischendeck. Dicht bei dem Aufgang war eine Kugel durch die Brustwehr gegangen, quer über das Deck geflogen und auf der anderen Seite wieder durch die Bordwand gegangen. Auf dem Vordeck, wo der Fockmast gestanden hatte, war noch nicht wieder alles in Ordnung. Wanten und Tauwerk lagen hier noch durcheinander. Es muß eine böse Wirtschaft auf dem Schiffe gewesen sein, als der Mast in Brand geriet und im heftigsten feindlichen Feuer gekappt werden mußte. Wenn unsere anderen Schiffe nicht mittlerweile herangekommen wären und die Dänen sich nicht infolgedessen zurückgezogen hätten, wäre die »Schwarzenberg« wohl verloren gewesen.

Man erzählte sich, der Kapitän hätte mit der Pistole vor der Pulverkammer gestanden, als Gefahr da war, die Dänen könnten sich des Schiffes bemächtigen. Von den Verwundeten war wohl ein Teil von den anderen Schiffen übernommen worden. Die 32 Toten lagen noch unter dem Oberdeck. Sie sind am zweiten oder dritten Tage nach der Schlacht in Ritzebüttel unter großer Anteilnahme der Bevölkerung feierlich beerdigt worden. Nach etwa einer Stunde traten wir die Rückfahrt an. Alle waren in ernster Stimmung.«

Minenversuchsschiff »Pelikan« 1905 am Lentzkai. Erbaut 1887/90 – 2360 t.

Panzerkreuzer »Scharnhorst«, Baujahr 1906, 11 600 t.

Der Minenkreuzer »Albatross«, 2200 t, 1908 bei der AG Weser gebaut, zusammen mit »eingezogenen« Kanalschleppern 1914 am Lentzkai. Das Schiff wurde am 2. Mai 1915 nach einem Gefecht mit russischem Kreuzerverband bei Gotland auf Strand gesetzt, später geborgen und 1921 in Hamburg abgewrackt.
Auf dem unteren Bild die 2. M-Boot-Division 1914 im Manöver.

1914 Abmarsch zum Festzug. – Im Hintergrund die Seedeich- und kleine Wetternkaserne.

Die Kiautschou-Kaserne 1908. (Seit 1949 Gorch-Fock-Schule). – Ausbildungsstätte für den Stammtruppenteil Tsingtau.

Das Musikkorps der 4. Marine-Artillerie-Abteilung. – Bis 1914 Kurkapelle des Nordseebades Cuxhaven.

Die »Wasserkompanie«, Ausbildungsabteilung für die schwimmenden Einheiten.

Das Fort Kugelbake 1914.

Geschütz der großen Strandbatterie.

Die Cuxhavener Hafenanlagen 1914.

Eine Luftaufnahme der Marineluftschiff-abteilung Nordholz.

Am Steubenhöft liegen zwei Linienschiffe der »Kaiser«-Klasse von 24 700 t. Innenkante Steubenhöft und Lentzkai. Minensuch- und Torpedoboote.

Minenverbände 1913 im Amerika-Hafen.

Linienschiff »Hessen«, 1903 erbaut, 13200 t, diente als eines der wenigen Vorkriegsschiffe neoch nach dem Kriege in der Reichsmarine. Hier liegt das Schiff 1930 am Steubenhöft.

Vorbereitungen zur »Kaiser-Regatte« 1897. Einfahrt zum »Neuen Hafen«. SMY »Hohenzollern« im Hintergrund.

SMY »Meteor« – Kaiser Regatta 23. Juni 1897. Erste Regatta mit den kaiserlichen Schoner-Yachten in der Elbmündung.

Kapitän Carl Kircheiß nach seiner Weltreise mit Kutter »Hamburg« am 25. Dezember 1927 Ankunft in Cuxhaven.

Im Jachthafen bei der Seebäderbrücke 16. 9. 1951.

Dr. Bückings Rückkehr mit »Helene III« nach der Transatlantik-Regatta 1976.

Volkmar Gräf mit seiner »Daztoy II« mit Kurs auf Cuxhaven nach einer Langfahrt von den Azoren 1978.

R. Gebhard mit »Solveigh III« trifft nach seiner 2. Weltumseglung am 14. 9. 79 in Cuxhaven ein.

W. Erdmann und Frau nach ihrer Weltumseglung, Empfang in Cuxhaven.

Rollo Gebhard, gezeichnet von einer strapaziösen Reise.

H. Gieseking und Frau, Weltumseglung mit »Lou IV«. Am 16. Juni 1980 Ankunft im Heimathafen.

Start zur Helgoland-Regatta 1978.

Dr. Jürgen Meyer, Ausfahrt zur zweiten Weltreise mit »Butera« am 21. August 1974, von der er nicht zurückgekehrt ist.

G.W. Milewsky, 1978 mit »Pommern« zurück von Einhand-Nordatlantiküberquerung.

Regattateilnehmer im Hafen Helgoland.

Im Neuen Jachthafen – Absegeln 1978.

Größte Jacht der Welt »Sea-Cloud of Grand Caiman« ex »Hussar« auf Besuch in Cuxhaven, Mai 1980.

Windsurfing-Regatta 1980.

Literatur- und Quellennachweis

Staatsarchiv Hamburg
326-2 Strom + Hafenbau I
371-2 Admiralitätskollegium, G Ritzebütteler Stackwesen: Nucleus Actorum der Ritzebütteler Stackdeputation.
371-6 Schiffahrts- und Hafendeputation: 785-830 Hafenbau in Cuxhaven
371-8 I + II Deputation für Handel, Schiffahrt und Gewerbe
372-2 Hamburgische Marineverwaltung in Cuxhaven.

Archives Nationales Paris
Fl b II Bouches de l'Elbe, Administration Generale
AF IV 783 pl. 6285 Archives de France
Archives Génie Paris Vincennes
Art. 14, Elbe No 2/18 L'établissement maritim projeté pres d'Altenbruch.

Marinearchiv Freiburg/Br.
RM 121 Festung Cuxhaven, RM 3v Kasernen + Kommandantur, RM 5v Befestigungs- + Armierungspläne.
A. Abendroth / Ritzebüttel und das Seebad zu Cuxhaven 1818 + 1837
W. Höpcke / Der erste Seehafen zu Cuxhaven
G. Grandauer / Gedenkbuch des Hamburgischen Amtes Ritzebüttel 1852
F. A. Becker / Cuxhaven und das Amt Ritzebüttel 1880
K. Ferber / Das hamburgische Tonnen, Baken- und Leuchtfeuerwesen.
H. Aichholz / Badewesen, Garnison und Fischwirtschaft als Wirtschaftsgrundlage der Stadt Cuxhaven. –1940–
Hafenbau- und Verkehrsamt Cuxhaven / 200 Jahre Wasserbauverwaltung in Cuxhaven – Ritzebüttel, 1951
Neue Börsenhalle / Die Cuxhavener Häfen 1897
Ed. Heymann / Hafenbauten in Cuxhaven 1914
Lübbert / Christiansen / Duge / Cuxhaven als Fischereiplatz
F. Duge u. Dipl. Ing. K. Meisel / Der Fischereihafen in Cuxhaven 1920
H. Kuke / Kurs Helgoland
T. F. Siersdorfer / Hamburg-Cuxhaven-Helgoland 1974
H. Borrmann / Zeittafel zur Geschichte des Amtes Ritzebüttel und der Stadt Cuxhaven – 3/1980
Dipl. Ing. R. Kühn + Dr. Ing. W. Siefert / Leben und wissenschaftliches Werk von H. Lentz 1979
K. B. Kühne / Seelotsen –

Bildernachweis

Staatsarchiv Hamburg: S. 17, S. 20, S. 26, S. 27, S. 32, S. 55 u. S. 70, S. 72 u. S. 94/95, S. 102/3, S. 136/37, S. 138/39.

H. Borrmann: S. 69, S. 73 r. u., S. 85 o., S. 96 o., S. 118 u., S. 129, S. 153 o.

K. B. Kühne: S. 6, S. 14, S. 16 o., S. 25, S. 35 u., S. 38 u., S. 68 m., S. 85 u., S. 96 u., S. 106 u., S. 107 u., S. 109 o., S. 110, S. 111 o., S. 112, S. 113 o., S. 115 o., S. 117 o., S. 118 o., S. 119 u., S. 130 u., S. 131 o., S. 140 o., S. 143 m., S. 163 o., S. 164.

N. S. Hafenamt: S. 47 m., S. 68 u., S. 162 o., S. 127 u., S. S. 128 u.

Verlag Egon Heinemann GmbH: S. 37 Repros v. Original Stadtmuseum und Dr. med. Günther, S. 40, S. 88, S. 90, S. 93 o., S. 141 u., S. 167, Repros v. Originalen

Dr. med. Bulle: S. 40, S. 53 m., S. 101, S. 105 u., S. 141 m.
Museum f. Hamburg. Geschichte: S. 65 u. r., S. 104.
Museum Altona: S. 31
Archives Génie Paris-Vincennes: S. 140 u.
Deutsches Schiffahrtsmuseum Bremerhaven: S. 101
Vereins- und Westbank: S. 71
H. Karting: S. 113 u.
R. Brenning: S. 92 o.
Wiking Helikopter: S. 117 u.
R. Glüsing: S. 119 o.
Dr. med Kohfahl: S. 154 o.
Dr. H. H. Eilers: S. 156/57
H. Bellmer: S. 158, S. 159, S. 160, S. 161, S. 162, S. 163 u., S. 165
H.-U. Armbrust: Luftaufnahmen Titelbild, Vorsatz und S. 86/87
Freigegeben durch Bezirksregierung Weser-Ems Nr. 34/9/25-35-36, Nr. 34/13/1-3, Nr. 34/13/10-17.
Die in der Aufstellung nicht genannten Fotos stammen aus der Bildersammlung des Stadtarchivs Cuxhaven.

Inhaltsverzeichnis

Alte Liebe
Neue Hafeneinfahrt im Bau
Am Alten Hafen
Alter Hafen
Woltmannkaje
Hafenkaje
Helgoländer Str.
Helgoländer Kai
Zollkaje
Klappbrücke
Lübbertkai
Fischhalle II
Lübbertstraße
Lentzstr.
Hapaghalle
Hamb. H
und Bau
E. Gooß
Kühlhäuser
Lentzka
Seeschleuse
Fischhallen III u. IV
Nordsee-Kai
Alter Fischereihafen
Meinken-Kai
Fischhallen V u. VI
Präsident-Herwig-Straße
Heringskai
Dügekai
Fischhalle IX
Fischhalle VIII
Fischhalle VII
Neufelder Straße
Neufelder Straße
Bahnhof